7897734875983475984
8798465454546
799746546546513213213
6258796583645873465
665387875684653400

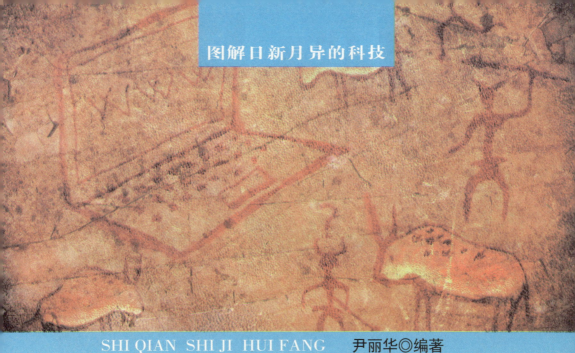

图解日新月异的科技

SHI QIAN SHI JI HUI FANG

尹丽华◎编著

史前世纪回放

吉林出版集团股份有限公司 | 全国百佳图书出版单位

前言
PREFACE

　　科技人才的培养，基础在于教育。谁掌握了面向未来的教育，谁就能在未来的国际竞争中处于战略主动地位。青少年是祖国的未来，科学的希望，担当着科技兴国的历史重任。因此，把科技教育作为一项重要的内容，从小学抓起，为培养未来的人才打下坚实基础是势在必行。

　　图解科技内容，进行科学普及，对培养广大读者学习科学方法，树立科学思想和科学精神，从而成为具有创造精神的、应未来社会发展的建设人才打下基础具有十分重要的意义。

　　在新的世纪，科学技术日益渗透于经济发展和社会生活的各个领域，成为推动现代社会发展的最活跃因素，并且是现代社会进步的决定性力量。发达国家经济的增长点、现代化的战争、通讯传媒事业的日益发达，处处都体现出高科技的威力，同时也迅速地改变着人们的传统观念，使得人们对于科学知识充满了强烈渴求。

　　对迅猛发展的高新科学技术知识的普及，不仅可以使广大读者了解当今科技发展的现状，而且可以使我们树立崇高的理想：学好科学知识，为人类文明作出自己应有的贡献。

　　为此，我们特别编辑了这套丛书，主要包括人体医疗、前

沿武器、古代文明、科技历史等内容，知识全面、内容精练、图文并茂，形象生动，通俗易懂，能够培养我们的科学兴趣和爱好，达到普及科学知识的目的，具有很强的可读性、启发性和知识性，是我们广大读者了解科技、增长知识、开阔视野、提高素质、激发探索和启迪智慧的良好科普读物。

目 录
CONTENTS

史 前 世
纪 回 放

Shiqianshi
jihuifang

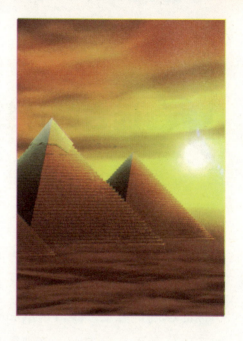

远古的计算机

海底的惊人发现

1900年，一位以采集海绵为职业的希腊潜水员，在安蒂基西拉海峡的水底，发现一个巨大的黑影。他游过去一看，不由大吃一惊。原来，这是一艘古代沉船的残骸。这个意外的发现使他兴奋不已，他再度潜下水，仔细察看，发现古船里装有大理石雕像和青铜雕像。

不久这条沉船被打捞上来。经专家考证，这是一艘沉没水下

已达2000年之久的古船。也就是说，它在公元初就沉没了。船上珍贵的古代艺术珍宝马上得到挽救和保护。

　　然而，奇迹很快就发生了，而它的价值远远超过了所有雕像。那是在工作人员分析、清理船上物品时发现的，在没有用的杂物中有一团沾满锈痕的东西。经过认真的处理，人们发现那里面有青铜板，还有一块被机械加工的铜圆圈残段，上面刻有精细的刻度和奇怪的文字。专家们马上意识到这圆圈非同一般，古代船上怎么会有这样的东西呢？

一台真正的机器

经过两次认真的拆卸、清洗之后，专家们更加惊叹不已。摆在他们面前的那许多的细节部分清洗后显出的原形，竟是一台真正的机器，这台机器是由活动指针、复杂的刻度盘、旋转的齿轮和刻着文字的金属版组成的，经复制发现它有20多个小型齿轮，一种卷动传动装置和一只冠状齿轮，一侧是一根指轴，指轴一转动，刻度盘便可以以不同的速度随之转动。指针被青铜活动板保护起来，上面有长长的铭文供人阅读。

此后，科学家又找到了80多片该机械的残骸碎片。据研究，这个青铜装置由三个主要的部件和其他一些小器件组成，可能是由于曲柄的活动才使得这个装置经过了这么长时间仍然保持的比较完好。就当时的情况来说，它无疑是20世纪最伟大的考古发现之一。

　　美国学者普莱斯用 X 光检查了这台机械装置，认为它是一台计算机，用它可以计算太阳、月亮和其他一些行星的运行。据检测，它的制造年代是公元前82年。

　　这不能不令世人感到惊异。要知道，计算机是1642年才由帕斯卡尔发明的，而且当时他制造的计算机械准确度很差。虽然人们公认希腊人是古代最有智慧的民族，但这台古代计算机的出现，还是令人感到不可理解。

　　这个机械装置全部是由金属制成的，使用了精密的齿转转动装置。而人们都知道金属齿轮转动是在文艺复兴时代才使用的。这涉及制作它时必须具备的车、钳、铣、刨等机械加工工具，而这些工具在古希腊都是根本就不存在的。

科学家们的争议

1902年，科学家史泰斯宣布，这件装置是古希腊的一种天文仪器。他的看法引起了学术界的争论，并且持续达百年之久，至今尚未有定论。历史学家开始认为，古希腊不可能有这么高超的机械工艺，虽然在数学方面成就显赫，但古希腊并没有机械制造技术。这一被称做"安地基西拉"机械装置的发现，似乎要打破这一固有的观念。其后数年间，出现了几种不同意见：有人认为，那个如便携式打字机一半大小的机械装置是星盘，是航海的人用来测量地平线上天体角距的仪器；有的人认为可能是数学家阿基米德制造的小型天象仪；有的人认为机械装置如此复杂，不可能是上述两种中的任何一种；最保守的学术界人士甚至认为，机械装置是千年后从其他驶经该海域的船只上掉下去的。

　　而现今科学家是这么认为，安地基西拉机械装置又名罗得斯计算机，也称希腊齿轮天象测计仪，此仪器依据数学原理制成，可模仿天体运行。

　　安地基西拉机械装置虽然很像现代的时钟，但它是一种天文仪器，有些专家认为使用这些装置的人可能不是天文学家，而主要是占星家。

现代仪器的鼻祖

　　普莱斯教授把它比作"在图坦哈门王陵墓中发现的一架喷气飞机"，这的确是一项前所未有的重大发现。有些人还在坚信，制造这个机械装置的根本不是古希腊人，而是来到地球上的外星球人。

　　无论怎样说，由于安地基西机械装置重见天日，改变了世人对古希腊科技发展缓慢的固有观念。现在，专家们也承认机械工艺是

希腊科学的一个重要组成部分，这个机械装置也无疑是现代仪器的鼻祖。

计算机之谜

于是人们不得不面临这样一个问题：这台"安蒂基西拉机器"到底是谁制造的？

有人说，如果它确是古希腊人制造的，那么人们对古希腊科学技术的理解恐怕要彻底改写。

但在古希腊和其他一切古代民族的文献中，从来没有任何关于计算机机械的记载。如果它不是古希腊人所造，那么必定出于远比古希腊人更有智慧，科学技术和工艺水平也要高得多的智慧生命之手。

科学家们的研究

负责这项研究的是一个由希腊和英国科学家们共同组成的研究小组，他们分别来自雅典、萨洛尼卡、加的夫和雅典国家考古博物馆等。研究员们发现这个青铜装置记载了2000多年前古希腊人见过的许多神秘现象。参与了这项研究的来自雅典大学的研究员亚尼斯·比特萨奇斯说："这个装置中的记载有很多，我们已

经破译了95%，共计1000余篇，我们可以从中了解到许多原来我们不知道的东西。"

扫描结果显示，这个装置最初被放置在一个矩形木框中，木框上有两扇门，上面注有使用说明。位于安地基面拉装置前端的是一个单独的刻度盘，上面是古希腊人绘制的黄道十二宫图和一个古埃及日历。后面则是两个刻度盘，显示的是有关月球运动周期和月食的信息，整个装置靠一个手动曲柄驱动。

据分析，安地基面拉装置能够跟踪水星、金星、火星、木星和土星等当时已知的所有行星的运动、太阳的方位以及月球的方位和盈亏。在装置后面一个跨度19年的日历上，研究人员设法读取了所有月份的名字。

月份名字均是科林斯式，说明安地基面拉装置可能是在位于希腊西北部或西西里的锡拉库扎的科林斯殖民地制造的。锡拉库

扎是大名鼎鼎的数学家阿基米德的家乡。在制造安地基面拉装置时，罗马人已经控制了希腊的大部分地区。美国古代世界研究所的亚历山大·琼斯教授说："很多人一定会将这个装置与伟大科学家阿基米德联系在一起，他生活在安地基面拉，公元前212年去世。但这个装置最有可能是在他去世后很多年制造的，它应该与可能由阿基米德发明的一系列科学仪器有关，或者说在它们的基础上制造的。"

第一个对这一青铜装置进行研究的是英国历史学家德勒克·普拉尔斯，他在20世纪60年代就提出了关于这一青铜装置用途的假说，但是科学家们不久后就对他的理论提出了许多疑问。迈萨斯说："在这样的一个器物中能蕴藏着这么多天文学及数学的知识，这让我们感到非常惊讶。随着我们对这件青铜装置的研

究的深入，相关的历史也将被改写。因为我们此前一直认为古希腊人在应用技术知识方面非常匮乏，但现在看来，事实似乎不是这样的。"

拓展阅读

1946年2月14日，世界上第一台电脑在美国宾夕法尼亚大学诞生。第二次世界大战期间，美国军方要求宾州大学莫奇来博士和他的学生爱克特设计以真空管取代继电器的"电子化"电脑，目的是用来计算炮弹弹道。

数千年前的家电

陵墓中的发现

在神秘的古埃及，有许多诸如金字塔、法老魔咒等人类难以解释的现象，然而这还不够，人们又在古墓里发现了长明电灯和远古彩色电视机。

在古埃及金字塔建筑群中，规模最大、最高的一座是距今有4600年，在开罗近郊吉萨建造的古王国第四王朝法老胡夫的陵墓，该金字塔内结构极为复杂和神奇，里面装饰着雕刻、绘画等

史前世
纪回放
shi tai ao shi
ji hui fang

艺术珍品。

让人感到奇怪的是，在漆黑不见五指的墓室和通道里，这些精致的艺术作品是靠什么照明来行雕刻和绘画的呢？假如让我们猜想的话，在远古时代中照明用具一定是火把或油灯了，但是，当时如果真的是使用火把或油灯，那么，在里面一定会留下一点火把或油灯的痕迹。

经过现代科学家用世界上最先进的现代化仪器分析，得出这样一个不可思议的结果。那就是，在墓室和通道里积存了4600多年之久的灰尘，经全面细致和科学化验的分析，竟没有发现一丝一毫使用过火把和油灯的痕迹。

科学家们猜想，给古埃及艺术家们提供照明的根本不是火把和油灯，而是另外某种特殊的能够发出足够光亮的电气装置和照

明设备吗？距今4000多年前的古埃及人竟知道现代电灯照明的原理吗？

两千年前的明灯

史料确切记载，公元1401年，考古学家在意大利罗马发掘一座帕拉斯古墓时，发现墓室被一盏明亮的灯照着，经推断，这盏灯在墓室中已经亮了2000多年而没有熄灭，考古学家进入墓门之后，这盏灯才自动熄灭了。

1845年4月，考古学家又在罗马附近发现了一位古代女子的石棺，她的全身肌肉还没有腐烂，像活人一样栩栩如生。在刚开启这具石棺时，考

古学家不禁惊讶住了：石棺内竟有一盏明亮的古灯，这古灯至少在棺内亮了1500年之久而没有熄灭。

为什么在已经掩埋、密封了1500多年的坟墓中竟会有燃着的古灯呢？从发现的这两盏古灯外表上看，与现代的电灯不同，科学家推断其发光的原理却和现代电灯有一些相似之处。

古墓中照明古灯的发现，说明远在几千年前，可能某些古人已经制造出了某种特殊的照明设备和能让古灯永放光芒的电气装置了。只是，查遍现存史料，都找不到有任何试制电器的历史记载。

很多人据此认为,古人绝对不可能有如此高超的电气技术,这些古灯,很可能是当时比地球上发达的天外来客留在地球上的作品。由于发现古灯的时代受科技的限制无法对古灯进行深入的研究和探索,因而,这些古灯的光亮成了我们无法揭晓的谜团。

四千年前的彩色电视机

考古学家又在埃及尼罗河畔一座从未有人发掘的距今约4000

多年的古墓中，竟发现了一台完好无损的远古彩色电视机，这无疑又为古代电气的神秘来源蒙上了一层疑团。

这台被发掘出来的电视机只有一条线路，也就是说只能接收一个电视台的节目。另外，它有4个三角形的荧光屏，屏的四周都镀上了黄金，它的内部机件竟是目前最先进的钛金属制造成的，质地极为坚固，它的动力来源可能是太阳能电池。经科学家通过碳-14年份的鉴定，证明它已有4200年以上的历史。

4000年以前的古埃及人不可能拥有现代制作为彩电的材料，更不可能具有这么高超的工艺水平来造出这台电视机，那么，这台彩电到底出自谁人之手制作的呢？这个答案有待科学家的进一步研究。

拓展阅读

电灯和电视机都是近代才被发明的。1789年，美国著名发明家家爱迪生发明了电灯；1928年，英国人贝尔德发明了电视接收系统。

图解日新
月异的科技

奇妙的史前壁画

拉斯柯克斯洞穴壁画

在西班牙北部几个荒无人烟的山洞里，发现了距今2.8年至10万年旧石器时代的雕刻和绘画。这些发现起先被人们怀疑为诋毁达尔文进化论的阴谋。后来考古学家从所在地区的地下发掘出了和画上一致的野兽的骨髓。据考证，这些动物大多为远古时代的珍禽奇兽，有的也早在许多世纪前在欧洲绝迹。

　　这些画是在幽深、宽敞的漆黑洞穴里发现的，有的在洞顶，有的在四壁，酷似教堂壁画，因而被称为"史前艺术的西斯廷教堂"。这些作品已不只是写实，而是透着修养有素的艺术家的敏感和灵气。

　　这处洞穴是1940年9月12日由4个年轻人发现的，1955年，第二次世界大战结束后才首次公众开放，由于每天参观客游量达到1200人，人体呼吸所释放的二氧化碳严重损坏了洞穴壁画。1963年，为了保护这一旧石器壁画艺术，法国政府停止向公众开放。

阿尔塔米拉洞穴壁画

　　阿尔塔米拉洞穴是西班牙的史前艺术遗迹，洞内壁画举世闻名。其位于西班牙北部古城桑坦德以南35千米处。洞窟长约270米，洞高2.3米不等，宽度各处不一。洞里保持着久远的石器时代面貌，有石斧、石针等工具，还有雕琢平坦的巨大石榻。

　　这是现已发现的人类最早、最著名的美术作品之一。它是1879年，由一个名叫蒙特乌拉的西班牙工程师偶然发现的。由于这一壁画中描绘的动物太生动了，以前也从未见过这类壁画，所以，这位工程师将它公之于世时，西班牙考古界反而说他造假惑众，使他蒙冤20多年。

　　150余幅壁画集中在洞穴入口处的顶壁上，是公元前30000年至公元前10000年左右的旧石器时代晚期的古人绘画遗迹。其中有简单的风景草图，也有红、黑、黄褐等色彩浓重的动物画像，如野马、野猪、赤鹿、山羊、野牛和猛犸等。有的躺卧休息，有的撒欢奔跑，有的昂首翘尾，有的追逐角斗或互相亲昵。

　　据考证，壁画颜料取于矿物质、炭灰、动物血和土壤，再掺和动物油脂而成，色彩至今仍鲜艳夺目。壁画线条清晰，多以写实、粗犷和重彩的手法，刻画原始人熟悉的动物形象，组成一幅

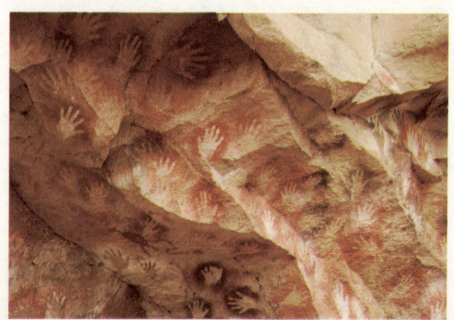

幅富有表现力和有浮雕感的独立画面，神态逼真，栩栩如生，达到了史前艺术高峰，具有很高的历史和艺术价值。

肖维特洞穴壁画

肖维特洞穴位于法国南部的阿尔代什省，长约500米，里面的一些小走廊各有特色。1994年，3位洞穴学家发现这处洞穴里竟然完好保存着旧石器时代精美的壁画艺术，随后肖维特洞穴名声大噪，并很快成为世界上最著名的史前艺术遗址。

洞穴里包含着许多动物的壁画，有可见的犀牛、马和狮子等动物，共400个动物图像。法国考古人员和科学家在采用同位素方法进行检测后认为，这是迄今为止世界上发现的最古老的洞穴壁画之一。

肖维特洞穴具有两个清晰历史时期人类的活动迹象，旧石器时代前期和旧石器时代晚期，多数洞穴壁画都属于旧石器前期。

马古拉洞穴壁画

　　马古拉洞穴位于保加利亚西北部，距离首都索菲亚180千米。该洞穴的壁画覆盖了不同时代，最早可追溯至青铜器时代早期。

　　洞穴中的壁画描绘了舞蹈的女人、跳舞和打猎的男人、带有面具的男人、大型动物、太阳、星辰和各种劳动工具和植物。这些复杂的史前壁画丰富地暗示着远古人类智力和精神方面的特征，从新石器时代至青铜器时代，马古拉洞穴被长期确定为神殿，并履行着相关的职能。

芬德歌姆洞穴壁画

　　1901年，一位名叫丹尼斯·佩朗宁的老师发现了芬德歌姆山口的洞穴壁画，这些壁画可追溯至公元前17000年前。

1966年，当科学家再次清理该洞穴时，偶然间发现一幅绘有5头野牛的壁画。芬德歌姆洞穴有200多幅彩绘艺术，被认为是超越拉斯柯克斯洞穴的多彩史前壁画艺术。该洞穴现已对外关闭。该洞穴中壁画描绘着80多头野牛、大约40匹野马，以及20头以上的猛犸。

佩什·梅尔岩洞壁画

1922年，几名青少年在法国南部发现了佩什·梅尔岩洞，岩洞中瑰丽奇异的壁画震惊了整个考古界，其中以"带斑点"的马

为主题的一组壁画尤其精美别致，壁画多在25000年前绘制完成。除了大量壁画，考古学家还在岩壁上发现很多人手印，当时被认为是男性手印。

为了研究手印究竟是谁烙下的，斯诺教授将壁画上的手印模型输入电脑，并与现代欧洲人的手形进行比对后发现，史前女性确实也参与到绘制巨幅壁画的过程中。

不仅如此，斯诺教授又查看了法国加尔加斯洞穴壁画和有28000年历史的西班牙卡斯蒂略洞穴壁画，也得出了相同的结论。斯诺的研究结果表明妇女在史前文化中的作用可能远远大于此前的预期。

斯诺说："虽然我们不知道在40000年前至20000年前的旧石器时代女艺术家的地位究竟如何，但是我们的发现足以说明当时的女性在艺术文化中占据着不可低估的地位。"

目前斯诺教授的研究仅限于欧洲地区，但他表示还将对世界其他地区的壁画进行研究，以最终确定史前女性在艺术领域的地位。

南美平原的巨画之谜

1939年，纽约长岛大学的保罗·科贝克博士驾驶着他的运动飞机，沿着古代引水系统的路线，飞过干涸的纳斯卡平原。突然，他好像看到平原上有着巨大而神奇的、好像是平行的跑道似的直线图案。他仔细一瞧，真的是巨大的平行线条，而这些线条似乎构成了巨大的图案。

这种图案只有从高空上才能欣赏，因此在本世纪飞机发明之前，人们从来不曾知道这地区地面上有这么巨大的图案。科贝克博士惊叹地说："我发现了世界最大的天文书籍。"

　　在地面上观察，可以看到那些巨大的交织排列直线，有时彼此平行，有时呈文字形，还有很多又长又宽的条纹横贯其间，有的像道路，有的像方格、圆圈、螺纹。然而从飞机上看下去，这些在地面上的简单几何图形立即有了意义。

　　这里的许多图形如同蜥蜴、狮子等，还有好多不可名状的像是某些植物，只不过植物的具体形态也被省去，只剩下简练的线条。只有飞行于秘鲁的天空，才能欣赏到各种精彩的纳斯卡平原巨画。

　　当旭日东升之时，登上纳斯卡山巅，一幅美丽奇异的图画便呈现在你面前。但当太阳升高之后，这些巨画便悄然消失。由此可见，古代印加的艺术家还利用了光学原理对巨画的布局设计做出了精确的计算，使之具有如此神秘之魅力。也正因如此，纳斯

卡谷地的巨画被称为"世界第八奇迹"。

其中很有名的图案就是鸟图，在纳斯卡荒原上总共砌着18种不同类型鸟图。之所以将这类图形称为鸟图，当然是这些图形看起来像是某些种类的鸟。

不过令人感到有趣的是，这些鸟图似乎是未曾在当今出现的鸟，有些甚至像是我国古时候《山海经》描述的奇异鸟类。这种鸟图尺寸非常巨大，长27米至36米不等，鸟图甚至有128米长的翼展。在纳斯卡出土的部分陶器上，也发现有类似的鸟。在皮斯科海湾附近，一座光秃秃的山脊上，刻着一个巨大的三叉戟图案。三叉戟的图案似乎不是南美洲现有文化所有，这又是如何画

出的呢?

　　构成这些图案线条的是深褐色表土下显露出来的一层浅色卵石。专家估计过,每砌成一条线条,就需要搬运几吨重的小石头,而图案线条中那精确无误的位置又来自于制作者必须依照精心计算好的设计图才能进行,并复制成原来的图样。绘制这样的巨图,需要精密的量测技术与工程能力,显然不是当地的土著人具备的。

　　这些图是要从天上乘坐飞机才能欣赏的,有人认为这代表当初绘制巨图的文明具备飞行的能力,他们可以进行空中量测与摄影。也有人认为是过去存在的巨人民族所绘制,对于巨人来说,这些图形的建造显然相对来说是很容易的,而且他们可以毫不费力地欣赏。

　　当初绘制巨图的文明具备飞行的能力吗? 如果这是真的,那

么人类是否早在更久之前的古代，就具备了本世纪才由莱特兄弟发明的飞行能力？

如果那些巨图是"过去存在的巨人民族"所绘制的，这个巨人民族曾在人类的文明中扮演什么样的角色？为何现在消失了呢？如果巨人真的曾经存在，地球上、宇宙间是否还存在着其他类似于人类的生命体？除了人类、科学家所假设的巨人之外，有没有小人国的存在？海底下是否也住着人呢？

拓 展 阅 读

科学家推测，这些线条是古纳斯卡人分配水源的标志，而那些图案是不同家族的族徽。科学家们发现，在那些的图案覆盖的地下，分布着大量的水渠。这一说法较易为人接受，因为纳斯卡平原是一片很荒凉的平原，几乎是没有降雨的。

不可思议的史前艺术

拉马什的石版画

　　法国学者彭卡德与古生物学者罗夫在拉马什山洞挖掘出1500个石刻图案的石板，画中人物的衣着装扮与中古欧洲人雷同。这些石板也曾被认为是现代人伪造，理由是："这些石板画太现代化，太复杂了，画得太好了，很难说服人这些画是洞穴的原始人画的。"

罗夫解读了其中一个在拉马什发现的石刻图形的石板，他原先认为是一个一边跳着舞一边演奏的小提琴表演家。然而这个小提琴表演家的大腿上似乎系着一支类似枪的东西。14000年前的原始石板画上怎么会有枪呢？真是令人难以理解。

江西发现史前鹅卵石路

我国史前彩陶仍色彩绚丽。堪称"江西第一路"的老虎墩遗址发现史前时期铺设的鹅卵石路，遗址有望突破省内史前考古。

江西省靖安县北潦河支流小南河流域，有一个面积约600平方米的考古遗址。这个距离震惊全国的李洲坳东周古墓，以及郑家坳新石器时期晚期古墓群均约5000米的史前遗址，从2009年10月开始发掘。当时，已经出土了各类陶器、

石器文物1000余件。经过进一步发掘，数千件文物逐一出土。距今6000多年的江西第一路，更是将老虎墩遗址推向了焦点。

白贵妇画像之谜

纳米比亚位于非洲大陆西南部，纳米布沙漠为一狭长的沙丘和裸石带，地跨南回归线，是世界上最干旱的地区之一。

由于这里长年无雨，造成气候异常恶劣。地表荒凉，基岩裸露，许多山区几乎被无边无际的流沙所覆盖。一些沙丘竟高达250米，长达几十千米，成了不毛之地。布兰德山海拔2600多米，是全境最高峰。举世闻名的非洲岩画——布兰德山的"白贵妇"，就是在这样的荒漠深处，吸引了世界上无数困惑不解的目光。

1927年，一位法国工程师在布兰德山边发现一个绘有岩画的古代人类栖息地。据考证，这些岩画绘于公元前6000年左右，有一幅岩画描绘的是妇女们参加游行的场面。然而令人不可理解的

是，画面上除了几个土著黑人妇女之外，竟还有一位现代打扮的白人女郎。

她肤色白皙，姿态典雅，身穿短袖套衫和紧身裤，发型与现代女郎完全相似。头发上、胳膊上、腿上和腰部还都装饰着耀眼的珍珠。

当著名考古学家艾贝·希留尔经鉴定宣布它是7000多年前

的真品时，人们都陷入时间和空间的谜茫之中。

据考证，人类穿衣服的历史不过4600多年。许多土著黑人的穿着现在也并不是十分精细考究。远古时代的纳米比亚人何以能够超越时空，准确无误地画出几千年后另一种族的人物形象及服饰呢？他们真的有超时空的力量吗？难道这些真的是奇迹吗？

创世纪生灵之谜

在澳大利亚的南部一个洞穴里，人们发现了一幅奇怪的古代壁画，壁画的主角是一个身穿长袍、头戴圆形盔的人物。圆形盔上只露出两只眼睛，使人看不见他的面目。盔外面写着一些没有

人能够辨识的文字。在这个人物左边，画着62个小圆圈。这些小圆圈不规则地分成3排，最靠左一排有21个小圆圈；中间一排最多，有24个小圆圈；靠近人物一排最少，只有17个小圆圈。

在澳大利亚热带原始森林的洞穴里，也发现过一幅耐人寻味的远古图画，画中的情形与前者十分相似，他们头上也戴着圆形盔，盔上带有4根长长的触角。但他们身上穿着密封的紧身衣而不是长袍和带有宽腰带的工装裤。在他们头上，也刻有一些令人莫名其妙的文字，澳大利亚土著人将之称为"两个创世的生灵"。

人们都知道，澳大利亚土著人不可能单凭想象虚构出洞穴壁画上的长袍、紧身衣和工装裤，而壁画上那些无人知晓的文字，同澳洲土著人的文字相差甚远。

有人声称，壁画上人物头戴的圆形密封盔，同非洲撒哈拉岩画以及南美玛雅人绘画中一些头戴圆盔中的形象十分相像。而这些圆形盔又与现代

宇航员的服装相似。

因此认为壁画上的形象是访问过地球的外星人，那两个"创世的生灵"头盔上的4根细触角，也被解释为宇航头盔上的天线或信号接收器。

当然也有人不同意这种关于外星人的说法，但又找不到别的更令人信服的解释。还有那离奇的文字和62个小圆圈究竟是什么意思？至今也没有人能够回答。

神秘的史前巨型图案之谜

在英格兰西部伯克郡乌芬顿堡的山坡上，有一座创作于公元前200年的白马浮雕。这匹白马长达100米，高40米，此马神形兼

备，貌似驰骋，横跨一座山坡上，气势雄伟。说来简直令人难以置信，这是古代先民采取刮去表层的土后，露出下层的白垩层而雕刻成的。

附近的村民们每隔6年聚集一次，为白马铲除杂草修缮环境。至今这匹白马还完好如初，尽管人们惊叹地欣赏它，但却不知道它的确切含意。不知道它到底是象征，还是一件伟大的艺术品。

在美国佐治亚州有一个巨大的土丘，已有1500年历史。土丘顶上有一只用石块堆砌成的巨鹰，展翅宽达40米，仿佛就要腾空

　　而飞。这个巨鹰丘显然是古代印第安人的创作，但它们建造这个土丘的目的仍是个谜。

　　在美国大角山山峰顶上，有一处用石块砌成的圆阵，被称为"魔力巨轮"，直径30米，有28行石砌的"轮辐"穿过圆心。有些研究人员猜测，这大概是印第安人用来预测夏至和冬至等节令的，但至今没有定论。

　　在所有这些土丘中，最大也最令人困惑的，也是最神秘的，是位于美国俄亥俄州南部的"巨蛇丘"，这是一条用土堆成的巨

大的蛇丘，它宽约6米，高2米，长达380多米，蛇身的实际长度达600米左右。巨蛇的嘴张得大大的，仿佛要衔住一个不知是蛋还是青蛙状的圆锥形土堆。

巨蛇丘中没有埋藏着人的尸骨或其他任何人工制品和文字，因此是谁在什么时候建造的，无从知晓。

现代研究人员利用高科技手段，能比较精确地鉴定出这些史前建筑的年代，但是对于它的起源、用途、目的，以及谁是它们的建造者的问题却无法确定。究竟是哪些古代先民建造出这些庞大到惊人程度的巨型图案呢？这些令现代人敬畏的形态怪异的巨型图案到底有什么用途呢？

更令人谜惑的是，这些神秘而巨大的形象必须从高空中才能看到它们的全景。那么，远古时代的人们，怎样设计和制作这些巨型图案的？

退一步讲，即使能制作出，又如何去欣赏呢？这些巨型图案留给人的不只是惊叹，还有无穷无尽的探索。

拓 展 阅 读

我国安徽省凌家滩出土一枚玉喇叭直径只有0.017米，高度为0.012米，喇叭壁薄如纸，玉器上打孔的钻头仅有0.00007米，孔壁上摩擦痕迹规整、平行，而非乱痕。这必须由机械钻头高速旋转，且有琢玉砂均匀附着才可能形成。这个需要现代的精密机械及加工科技才能造出来的艺术瑰宝，被鉴定为5300年前所制造。

撒哈拉沙漠壁画

撒哈拉壁画的发现

撒哈拉壁画位于阿尔及利亚境内撒哈拉沙漠中一个名叫塔西里的荒凉高原上，故又名塔西里壁画。而在遥远的古代，这里曾有过丰富的水源，茂密的森林和广阔的牧场。

然而，很长时间以来，这里早已是河流干涸，荒无人烟，空留下河流侵蚀而成的无数溪谷和一座座杂乱无章耸立着的锯齿状小山，以及巨大的蘑菇状石柱。

　　20世纪初，法国殖民军的科尔提埃大尉和布雷南中尉等几名军官，在阿尔及利亚阿尔及尔南部5000米处一个尚未被征服的地区巡查时，偶然地发现了这些不为人知的壁画，他们感到十分好奇。1933年，布雷南率领一个骆驼小分队侦察塔西里高原时，接二连三地发现了几幅壁画，内容有猎人、车夫、大象、牛群以及宗教仪式和家庭生活的场面。

　　布雷南花了大量时间用速写描下了这些壁画。当布雷南将这些速写画拿给法国的考古学家和地理学家们观看时，他们感到非常兴奋。因为这无疑将证明，撒哈拉大沙漠绝非像人们所想象的那样一直荒无人烟，那里曾有过水源，有过牧场。

撒哈拉壁画疑云

　　1955年，洛特得到法国一些科研机构和政府部门的支持与资助，组建了一支考察队。1957年，洛特把复制的1500平方米的壁

画带回巴黎，这些都是迄今所发现的史前最伟大的艺术的临摹抄本。之后在罗浮宫展出，塔西里壁画令游客流连忘返，来到塔西里观光的游客，环顾一望无垠的大漠，不能不发出这样的奇想：茫茫大漠中还会有神秘的岩画和不为人知的宝藏吗？

是谁在什么年代创造出这些硕大无比、气势磅礴的壁画群？刻制巨画又为了什么？尤其令人不解的是在恩阿哲尔高原丁塔塞里夫特曾发现一幅壁画，画中人都戴着奇特的头盔，其外形很像现代宇航员头盔。为什么头上要找个圆圆的头盔？这些画中人为什么穿着那么厚重笨拙的服饰？

美国宇航局通过对日本陶古的研究，竟意外地披露了一点撒哈拉壁画的天机。日本陶古是在日本发现的一种陶制小人雕像。这些陶古曾被许多历史学家认定为古代日本妇女的雕像。可是经

过美国宇航局科研人员鉴定，认为这些陶古是一些穿着宇航服的宇航员。这些宇航服不但有呼吸过滤器，而且有由于充气而膨胀起来的裤子。假若日本陶古真的是宇航员，那么，撒哈拉壁画中那些穿着宇航服的宇航员到底来自哪里呢？他们是当地的土著，还是来自外星球的天外来客？

若是外星人，他们到撒哈拉沙漠来干什么？是传播文明吗？这一切都还是一个谜。

拓 展 阅 读

在非洲北部的大量国家，都发现了大量石器时代的岩画和岩雕。这些非洲史前艺术珍品具有独特的魅力，表明了非洲古代居民具有高度的创造力和丰富的想象力。从已能确定年代的岩画和岩雕来看，撒哈拉地区最古老的作品已有12000年以上的历史，而南部非洲最古老的作品则有28000年的历史。

奥克洛原子反应堆

神秘莫测的原子反应堆

位于非洲中部的加蓬共和国，有个风景非常美丽的地方，这就是奥克洛。但是，奥克洛的闻名于世，并不是由于它的风光，而是它那神秘莫测的原子反应堆。

1972年6月，奥克洛铀矿石运到了法国的一家工厂。法国科学家对这些铀矿石进行了严格的科学测定，发现这些铀矿中铀

235的含量低到不足0.3％。而其他任何铀矿中铀235的含量应是0.73％。这种奇特现象引起了科学家们的高度重视和关注，运用多种先进的技术手段和科学方法，努力寻找这些矿石中铀235含量偏低的原因。

经过再三深入探讨和研究，科学家们十分惊奇地发现，这些铀矿石已被燃烧过，早已被人用过。这一重大发现立即轰动了科学界。为了彻底查明事实真相，欧美一些国家的许多科学家纷纷前往奥克洛铀矿区，深入进行考察和研究。经过长时间的共同努力探索，断定是奥克洛有一个很古老的原子反应堆，又叫核反应堆。

原子反应堆由6个区域的大约500吨铀矿石组成，它的输出功率只有1000千瓦左右。据科学家们考证，该矿成矿年代大约在20亿年前，原子反应堆在成矿后不久就开始运转，运转时间长达50

万年之久。面对这个20亿年前的设计科学、结构合理、保存完整的原子反应堆，科学家们瞠目结舌、百思不解。

奥克洛之谜

这个原子反应堆究竟是谁设计、建造和遗留下来的呢？这是一个令全世界科学家都无法揭晓的特大奇谜。由于这个奇迹出现于奥克洛矿区，因此，科学家们把它称为"奥克洛之谜"。

这个古老的原子反应堆是自然形成的吗？科学家们一致否定了这种可能性，因为自然界根本无法满足链式反应所具备的异常苛刻的技术条件。

只有运用人工的科学方法使铀等重元素的原子核受中子轰击时，才能裂变成碎片，并再放出中子，这些中子再打入铀的原子核，再引起裂变即连续不断的核反应，当原子核发生裂变或骤变反应时释放出大量的能量。

　　原子反应堆是使铀等放射性元素的原子核裂变以取得原子能的装置。这种装置绝对不可能自然形成，只能按照严格的科学原理和程序，采用高度精密而先进的技术手段和设备，由科学家和专门技术工人来建造，只有用人工的方法使铀等通过链式反应或氢核通过热核反应聚合氦核的过程取得原子能。

奥克洛的建造者之谜

　　既然如此，这个原子反应堆的建造者是谁呢？据研究，早在20亿年以前，地球上还只有真核细胞的藻类，人类还没有出现。到距今约300多万年前的新生代第四纪更新世早期，才开始出现了早期的猿人。直至第二次世界大战末期，人类才制造了第一颗原子弹。1950年，在美国爱达荷州荒漠中的一座实验室内，才第一

次用原子能发电。1954年，苏联才建造了世界上第一座核电站。

由此看来，距今20亿年前，在奥克洛建造的原子反应堆，绝对不会是地球上的人类，而只能是天外来客。一些科学家推测，20亿年前，外星人曾乘坐"原子动力宇宙飞船"来到地球上，选择了奥克洛这个地方建造了原子反应堆，以在原子裂变或聚变所释放的能量为能源动力。

产生原子动力的主要设备是原子反应堆系统和发动机系统两大部分。反应堆是热源，介质在其中吸收裂变反应释出的能量使发动机做功而产生动力，为他们在地球上的活动提供能量。后来，他们离开了地球，返回了他们的故乡即遥远的外星球，于是，在地球上留下了这座古老而又神秘的原子反应堆。

奥克洛的神话传说

原住在奥克洛附近的主要是芳族、巴普努族等。在他们中

间，流传着这样的神话传说：

在非常遥远的古代，整个世界漆黑一团，没有人类，也没有任何生物，大地一片荒凉。突然一个神仙从天而降，来到奥克洛地区，用矿石雕刻了两个石像，一男一女，石像能放出耀眼的光芒，使茫茫黑夜中出现了白昼。

有一天，蓦然狂风怒吼，雷鸣电闪，两个石像变成了活生生的人，并且结成恩爱夫妻，生儿育女，他们的子孙后代，便成了当地部落的祖先。

这个神话透露出了一点消息，那个自天而降的神仙，很可能就是外星人，而那个能放光耀眼光芒的石像，很可能就是受过原子辐射照射的某些介质被加热后所释放出的光。

对此，也有人从另外一个角度进行解释。有人认为，地球上不只有一代人，在20亿年前，就曾有过一次高度发达的人类社会，由于相互仇视，发动核战争，人类毁灭了，但也留下了一些数量极少的遗物。

而奥克洛原子反应堆，就是20亿年前的人类建造的。到底哪

一种说法对呢？现在还不是做结论的时候，还有待于人们进行深入地研究和探索。

拓展阅读

2002年，美国科学家提出，地心有个直径8000米的由铀和钍组成的天然反应堆，这个巨大的反应堆是地球所有生命生存能源的来源。这项理论完全推翻了现有地心组成的理论，引发极大的争议。射出的能量比从太阳得到的能量多。

玛雅蓝色涂料之谜

古代玛雅酷爱蓝色

在神秘的玛雅人文化中，玛雅人总是喜欢用蓝色来描绘壁画，即使是在进行祭祀时，他们也总是先将祭祀所用的人蓄染成蓝色。玛雅人为何喜欢蓝色，他们又是如何制作这种历经数千年而不会褪色的颜料的呢？美国芝加哥田野博物馆馆长加里·费恩曼称，他与伟顿学院人类学教授迪安·阿诺德共同合作，揭开了古代玛雅蓝色涂料的成分之谜。

加里·费恩曼说，自从1839年美国人约翰·斯蒂芬斯在洪都拉斯的热带丛林第一次发现玛雅古文明遗址以来，世界各国考古人员在中美的丛林和荒原上共发现了170多处被弃的玛雅古代城市遗迹，并发现在公元前1000年至8世纪，玛雅人的文明足迹北起墨西哥的尤卡坦半岛，南至

危地马拉、洪都拉斯，直达安第斯山脉。这个神秘的民族在南美的热带丛林建造了一座座规模令人咋舌的巨型建筑。

由于玛雅人把蓝色与他们的雨神联想在一起，因此，他们会将向雨神供奉的祭品涂成蓝色，祈求雨神能降雨助谷物生长。科学家们很早就在一些物品上发现过蓝色涂料，却一直未能解开玛雅人制作这种颜料的秘密。

蓝色涂料是如何制作的

大约自600年至1500年起，玛雅人会向井中抛入人和物作为祭品，这种井是一口天然形成的，当时被玛雅人称之为"圣井"。

通过研究在井底发现的骨头，科学家们认为这些人祭中绝大多数都是男性。科学家们还在尤卡坦半岛大型玛雅遗址处的井底发现了一些陶器，并进行了细致的研究。

在这些陶器中，有一个曾被用来烧熏香的碗，碗上留下了玛雅蓝的痕迹。一直以来，科学家们甚是不解古代玛雅人是如何制

成了色彩如此鲜艳且经久不褪的颜料。

如今，科学家们知道这种蓝色含有两种物质，一种是靛青植物叶中的提炼物，一种是被称为坡缕石的黏土矿物。通过在电子显微镜下分析这些颜料样品，研究人员们才得以探测出玛雅蓝中关键成分的痕迹。费恩曼说："没有人能真正搞明白这两种成分

是如何被融合成一种稳定鲜艳的颜料的。我们认为，柯巴脂，也就是圣香可能是另一种成分。目前，我们都在探讨，可能正是柯巴脂在融合靛青提炼物和黏土矿物中起到了关键性作用，这种黏合剂使得玛雅蓝比其他自然颜料更为鲜艳持久。而且，我们已经找到了一些证据证明这个猜测。"

科学家们认为，制作玛雅蓝也是祭祀仪式的一部分。费恩曼说："据我猜想，玛雅人可能会烧一堆大火，并在火上放一个容器，在容器里将这些关键成分混合起来。然后，他们可能将热的柯巴脂碎片放入容器中。"

"圣井"首次发掘是在1904年，当时，研究人员们在井底发现了一个0.35米厚的蓝色沉淀层，却未能知道它的来源。如今，

费恩曼表示，科学家们知道这个蓝色沉淀层可能就是成年累月被抛入井中涂有蓝色的供奉品留下的。

拓展阅读

玛雅文明是中美洲古代印第安人文明、美洲古代印第安文明的杰出代表，以印第安玛雅人而得名。约形成于公元前2500年，公元前400年左右建立早期奴隶制国家，3至9世纪为繁盛期，15世纪衰落，最后为西班牙殖民者摧毁，此后长期毁没在热带丛林中。

神秘的水晶头盖骨

水晶头骨的神秘之处

在美洲印第安人中流传着一个古老传说：古时候有13具水晶头骨，能说话，会唱歌。这些水晶头骨里隐藏了有关人类起源和死亡的秘密，能帮助人类解开宇宙的生命之谜。

据说水晶头骨具有催眠的功能，如果让一个人紧盯着水晶头

骨的眼睛处，那么不多时人便会感觉昏昏欲睡。据传说，水晶头骨是玛雅人为病人做手术时催眠病人用的。

水晶是世界上硬度最高的材料之一，用铜、铁或石制工具都无法加工，而1000多年前的玛雅人是使用什么工具制作成水晶头骨的呢？

另外，这种纯净透明的水晶不仅硬度很高，而且质地脆而易碎，因此科学家们推断，要想在数千年前把它制作出来的话，只可能是用极细的沙子和水慢慢地从一块大水晶石上把它打磨下来，而且制作者要一天24小时不停地打磨300年，才能完成这样一件旷世杰作。

水晶头盖骨的发现

1927年初期，著名的冒险家赫吉斯及其女儿安娜，深入洪都拉斯的内地，两人极力寻求亚特兰提斯文明的真相，因而进行玛

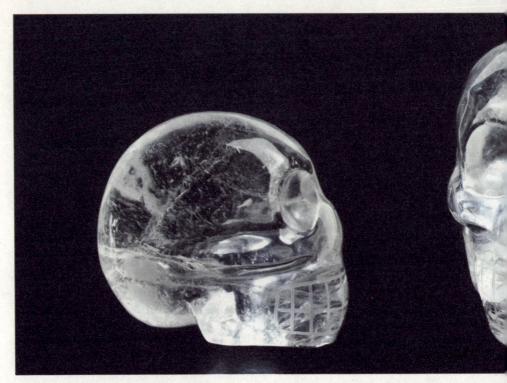

雅文化代鲁巴达遗迹的挖掘工作。

　　当他们在清除已经倒塌的神殿遗迹祭坛墙时，从沙堆中发现了一个被埋了一半的水晶头盖骨。在赫吉斯生前，水晶头盖骨一直都在他的手中，到了1959年，赫吉斯死后，才由科学家进行分析。

　　人类学家基恩博士，根据以下三点认为此头盖骨是女性的头盖骨：头盖骨的左右对称；看不见任何缝合线；眉间眉骨没有突起。

头盖骨之谜

　　一般认为，水晶头盖骨的年代约在玛雅文明时期，至于确切的年代则不知道。但不论是制作于何时，可确定的是，这是利用纯度高的透明水晶制作而成的，而且和人类的头盖骨没有差别。更令人惊讶的是，此水晶头盖骨丝毫没有留下使用工具的痕迹，

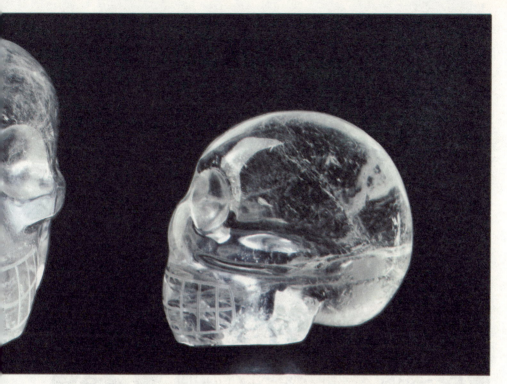

也就是说它是一个完整的水晶雕成的。然而即使使用现代的高水准技术来制作，也有很大的难度。水晶的硬度约是7度，使用一般刀子是绝不可能不在水晶上留下痕迹的。究竟古代的工匠是运用什么高科技呢？

有关水晶头骨的猜想

它们已不是地球外高等文明送给他们的礼物，也更不是古代玛雅人自己制造的。古代玛雅人并非做不出在解剖学上很精确的头骨来，他们不是一群无知的农民，而是数学、天文学和历法方面的专家。他们所拥有的技能可以与现代技术相匹敌，甚至还能超过现在。

但是我们却没有确凿的证据能够表明古代玛雅人真的曾经拥

有过水晶头骨。有一些证据倒是能表明古代玛雅人有可能制作过水晶头骨，但也有另外一些证据表明，是后来的阿兹特克人和墨西哥中部及高原上的印第安人制作了它们。这些古代人都善于在水晶上雕刻一些美丽的物品，也很频繁地使用过头骨这一意象。

水晶头骨的制作之谜

一次，在进行水晶头盖骨的实验时，无意中把激光射在了它的鼻孔上，顿时出现了奇迹：整个头盖骨开始发光，双眼像棱镜一样显示出无数的折射图案。

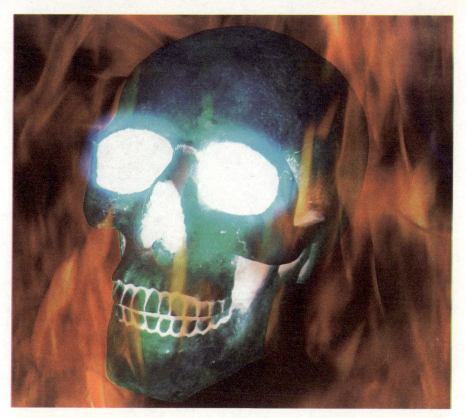

　　我们知道，近代光学产生于17世纪，而人类准确地认识自己的骨骼结构更是18世纪解剖学兴起以后的事。这个水晶头颅却是在非常了解人体骨骼构造和光学原理的基础上雕刻成的，1000多年前的玛雅人是怎样掌握这些高深的光学知识的呢？

　　另外，他们还在头盖骨的头部与脸上发现了双晶，这是由于冲击引起的晶体耦合，这意味着头盖骨是利用某种冲击力加工而成的。至于古人究竟采用了什么方法和工具，至今还是一个谜。

　　另一方面，玻璃工艺品专家摩雷认为，要想从整块水晶切削、加工出像水晶头盖骨那么精巧的工艺品，在技术上是完全不可能的，加之在完成的头盖骨上看不出使用任何工具的痕迹，由

此，推断这个"水晶"头盖骨实际上是用玻璃制造的。

他说："玻璃起源于公元前2000多年前的美索不达米亚，1200年左右，玻璃的加工技术传到了埃及，公元前300年左右，在中国出现了彩色玻璃珠。因此，公元前1600年玛雅文明很可能已掌握了玻璃制造技术。"

但是，其他专家认为摩雷的说法缺乏充分根据，特别是玛雅时代的水晶头盖骨不能与上述玻璃制品等同而语，因为它唯有用近代刚开发出来的晶体玻璃制造工艺才行。如果是几千年前用玻璃加工法制成的水晶头盖骨，它经过这么长的岁月肯定要褪色泛黄，失去透明度。

然而这个水晶头盖骨至今还闪烁着令人难以置信的晶莹光泽，如果对着太阳光，它还会放射出七色的彩虹，如果对着烛光，则发出令人恐惧的紫光。

更惊人的秘密

研究人员发现，如果让人凝视水晶头盖骨发出的紫光30秒到1分钟，大部分人会进入不可思议的催眠状态，由此推断这个水晶头盖骨可能是玛雅祭司或巫师用来在催眠状态下与亡灵进行"交流"的工具，而里希特博士认为这是利用催眠术进行疾病治疗的工具。

首先，里希特博士曾用它对患者施行催眠术，不用注射麻药就成功地进行了牙龈手术、接骨和肿瘤切除手术，患者在手术中除了流一点血外，丝毫没感到疼痛，特别是对于不能麻醉的特殊体质的人，通过这样的催眠术就能进行手术。

其次，里希特博士从众多木乃伊的头盖骨上发现了做外科手术的痕迹，由此他推断在古玛雅和印加文明时代进行了即使在近

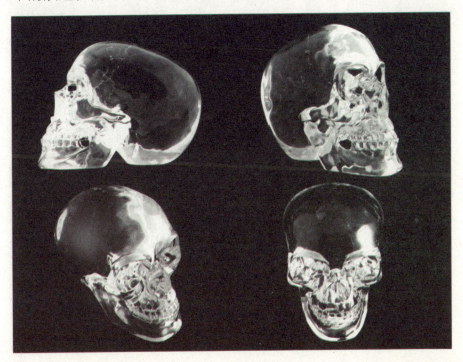

代医学上都感到非常困难的脑外科手术。那就是用这个水晶头盖骨让患者进入催眠状态，然后用杀生石施行只是少量出血而不感到疼痛的手术。

根据这一新的假说，原来用作杀生祭神的那块石台是玛雅人为了祈求长生而进行心脏移植或内脏手术的石制手术台。事实上古代的许多超文明都是现代观点无法加以理解的。

发现其他的水晶头盖骨

在当今世界像这样的水晶头盖骨还发现了几个，其中3个较为著名，除黑吉斯发现的这个赠给美国民族博物馆外，还有两个分别收藏在大英博物馆和巴黎郊外的夏洛宫人类博物馆中。

大英博物馆藏的被鉴定是属于"古代墨西哥"。夏洛宫人类

博物馆藏的是大约为真人头骨的一半大小的水晶头骨，法国专家认为是阿斯特克人在14世纪或15世纪时制作的。这3个水晶头盖骨中，尤以美国民族博物馆藏的最为精致。

这些超乎人们想象的水晶头骨究竟出自何人之手？如何制作的？制作的意图到底又是什么呢？至今仍不能被我们现代人所理解。

拓展阅读

1921年在非洲赞比亚，人们发现了一个古尼德人的头骨，头骨左方有一个边缘平滑的圆孔，这圆孔唯有子弹射击才能形成。而据考证，古尼德人生活在旧石器时代中期，距今约有70000年。当时的人类，才刚刚学会使用石斧。

千年冰封坟墓之谜

发现千年前的坟墓

1949年，苏联考古学家鲁登科掘开一座大约公元前60年建造的坟墓，墓穴中有一具女尸和一具男尸。这个男人生时身上纹上了好些图形，像现在纹身一样，这女人生时可能是他的妻子。

这个墓穴是在西伯利亚西部接近蒙古边境阿尔泰山脉大草原上发现的。考古学家到这地区来研究，共发现5个大墓穴和9个小墓穴，而埋了一男一女的就是其中一个。

由于自然界的奇

妙作用，这对夫妇的尸体以及一大批陪葬物品，包括袜子、鞋子、瓶子、地毯和木桌等，大致都保持原状，没有腐烂，就是那些通常极易腐烂的物品也保存完好在墓穴中冰藏了大约3000年。对几十年前曾经首次考察此处的鲁登科来说，这些发现可说是毕生难逢的重大收获，并给他留下了深刻的印象。

墓穴里的尸身面貌

坟墓中最重要的发现就是那具男尸。虽然埋葬之后某一个时期，曾有盗墓者进入破坏，但剩下的东西仍足以使鲁登科对铁器时代开始时，一位部落酋长的生活方式和身体形貌有独特见识和研究。

这位男死者生前身材高大，身高1.76米，体格健壮。死者头部正面曾经修剪，并剥去头皮。从腿骨微弯看来，鲁登科推断死者长年骑马，就像游牧民族的首领一样。

可是，毫无疑问，最令人感兴趣的就是尸体上的纹身。死者

手臂、大腿和躯干大部分地方都有纹身。那些图案多为神话怪兽，奇形怪状，令人恐怖：身体像蛇的鹰头狮子，长着猫尾和翅膀的动物，长了鹰嘴有角的鹿。从这些纹身图案中可见他们丰富的想象力和独特的艺术风格，并且显示出死者与众不同的习俗，与塞西亚人的非常相似。

塞西亚人是公元前7世纪至公元前3世纪中亚细亚的一个十分好战的民族，以崇尚纹身武力见称。希腊医圣希波克拉第有如下的记载："塞西亚人是人数众多的游牧民族，全部都在肩膀、手掌、手臂、胸前、大腿和腰间刺上花纹，唯一目的是想避免意志薄弱，变得充满生气和勇气。"

此外，希波克拉第还记载，塞西亚人居住在四轮篷车上，每家人有3辆至4辆。鲁登科在阿尔泰山脉草原上另外一处墓穴中，发现有一辆这种篷车的残骸，旁边还有一些殉葬的马遗骨，以便能随同主人进入另一个来生世界。

墓室里发现其他物品

在死者的墓中也有几匹供策骑马匹的遗骸。马匹都面向北方，旁边还放着几套马鞍和马头装饰物。墓里有一批家居饰品，包括一张地毯、一面用毛皮包着的铜镜、一面用皮袋装着的眼镜、几对绒袜。珠串、毛皮和金耳环的数量十分多，显然是盗墓搜掠时一时疏忽剩下的。此外，鲁登科还发现一张几乎完整无缺的木桌，四只脚雕成老虎后腿直立的形状，十分形象。

墓穴里有几个盛着几滴发酵马奶的泥瓶子和一袋奶酪，显然是为死者夫妇登天途中享用的。至于对死者作为精神慰藉的，则包括一具残缺不全的竖琴和一袋大麻种子。男尸身上的衣服用大麻织成，缝工精细，美观大方，主要缝口上还缀上羊毛红边。

有件奇怪的东西放在男尸头部旁边，就是一把假胡须。这把假胡须用人的头发制成，染成深褐色，缝缀在一块兽皮上面。虽然在这一带发掘出来的男尸都无长须

或短髭，但这一族的人佩戴的悬垂饰物上的图像显示塞西亚男人大多数蓄须。也许那些胡须全是假的，至于为什么要戴假须，则我们也许永远无法知道了，大概是出于一种崇拜心理。

墓中发现不同人种的头颅

最奇怪的是在墓中发现的头颅有很多不同类型。虽然鲁登科只得到少数样本，但他鉴别出其中不仅有欧洲人种，还有长头与扁头的两类黄种人。他把这种种族复杂的现象，归因于部落酋长基于政治原因，与远方部落公主通婚的习俗。鲁登科指出，在现代的哈萨克族和吉尔吉斯族人中，也有类似的面形歧异，因此不同类型的头颅也就显得不那么神秘了。

那些黄种人的头颅，明显是属于匈奴贵族的，原因是在公元前4世纪末期，可能有一个匈奴部落移居此地，并长期存在了下来，将阿尔泰山脉地区的酋长逐出这个区域。起初，匈奴人可能和他们通婚。可是到了该世纪末期，他们的认识发生了转变，采

取了较为残暴的办法，因此古代阿尔泰山脉民族作为一个独特文
化群体的遗迹，到了那时便突然中止。此后，他们的生存痕迹便
再也找不到了。

千年坟墓的结构

古代西伯利亚人建造坟墓时力求坚固耐久，美观则被放在了
第二位，但没有料到，阿尔泰山脉草原上的气候，竟然会将他们
的精美手工艺制作保存下来。阿尔泰草原冬季漫长酷寒，夏日则
凉快而为时甚短，年平均温度通常不会低至形成永冻层，保存坟
墓完整主要是依赖于独特的结构。

鲁登科发掘到的大墓穴，全部依照同一式样建造。墓坑深约7
米，底部主穴四壁用结实的落叶松圆木筑成，墓顶则铺设更多一
层大石和圆木。在大石层上，有一个厚约2米的土墩，上面再铺上

高达5米，宽达45米的碎石堆。使坟墓保持冰冻的最主要是这堆碎石。因为碎石独特的功能阻隔了夏日的热力，冬季可以让霜寒透入体。

冰封之谜

碎石传热性能差，因为坟墓一旦完工，碎石下面的那层泥土，几乎立即变成永久冰冻。话虽如此，冰冻的速度仍不足以防止陪葬的马匹和山羊出现部分腐烂现象。人尸所以能够免致腐烂，只因尸体全身涂了防腐香料和涂料，而且身上所有腔窝，都已用草填塞，这样可以防腐。

但令鲁登科惊奇的是，那个纹身者坟墓虽然遭受盗劫，但对冰冻过程并没有造成重大影响。起初，鲁登科以为冰冻现象可能是盗墓者挖隧道时冷空气突然透进来所致。但后来他断定，尸体在下葬不久即已冰冻，其后有人盗墓，并非冰冻现象的成因。

不过毫无疑问的是，盗墓一定是营葬后数年内，即死者后人离开该处

不久后发生的。因为盗墓者留下的痕迹，显示当时所用的工具仍然是铜器，而非后期的铁器。冰封了3000年的坟墓到了现在依然是个谜，谁能真正揭开它的谜底呢？

拓展阅读

2012年1月15日，埃及文物国务部长穆罕默德·易卜拉欣宣布，一支瑞士考古队在埃及南部卢克索古城的帝王谷发现一座近3000年前的墓穴。该墓穴位于卢克索卡尔纳克神庙附近，埋葬的是古埃及第二十二王朝的一位女祭司。其墓室位于一口井中，内部有一黑色木质棺材，棺材上刻有古埃及象形文字。据考古专家推测，该密闭棺材中有墓室女主人的木乃伊。

最早的宇航飞船之谜

印加人的传说

从爱斯基摩人的神话中知道，最早的部落是由长黄铜翅膀的神从北方来的。最古老的印第安人的神话故事中提到一种给他们带来火和果子的雷鸟，依据印加人的宗教传说，星星上都坐满了人，神是从星座上降临人间的。

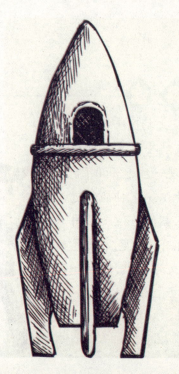

苏美尔人、巴比伦人、亚速人以及埃及的楔形文字中曾不止一次地描述同一个场面、神从星星上降临人间后又回去了，他们乘坐着大大小小的火船飞越天空，这看起来让人感到十分奇怪。

印度史诗中记载的飞行器

在印度史诗《罗摩衍那》中记载一种名叫维摩那的飞行动力装置，它可以借助旋风在很高的空中飞行，能够飞得很远，可以自由地向前、向上、向下任意飞行。其中写道："在罗摩的命令下，一架堂皇的车子带着巨大的声响升到云中。"这里不但提到了飞行物，还提到了"巨大的声响"。

在印度的另一部史诗《摩诃婆罗》中，还有一段类似的描述，在一大片像太阳般耀眼的光亮之中，毗摩驾着维摩那飞过，发出一阵雷鸣般巨大的响声。在这段描写中，至少涉及有关火箭

的某些概念，知道这样一种飞行器可以驾着一道光，发出可怕的甚至恐怖的响声。

这部史诗的第十篇中写道，枯尔呵从一个巨大的维摩那上向三重城投下一枚炸弹，当时的情景是，比太阳还要亮千万倍的白炽烟云腾空而起，城市片刻之间化为灰烬。

藏文古籍中的记载

我国藏文古籍《丹多娃》和《康多娃》也讲到了史前的飞行装置，书中把飞行装置称为"天上的珍珠"。在《萨玛朗加那——苏德拉德哈拉》一文中，用了整章的篇幅来描写尾后喷出火和水银的飞船。

蒂冈博物馆阿里伯托·杜利发现了公元前1600年图特摩斯三世时代的一卷古文残篇，它记载了这样一段神奇传说：有一个火球从天而降，气味十分难闻，图特摩斯和他的士兵们一直望着这个景象，直至火球向南方飞去，从视野中消失为止。

各地的传说

在古挪威和冰岛的传说中也讲到在空中遨游的神。弗莉葛女

神有个使女叫格娜，女神派她乘一匹能够飞过陆地和海洋的骏马到另外的世界去，这匹马叫"虎厄斯路厄"，意为四蹄喷火。

在死海附近发现的《启示录》中写到了这种喷火车。文中写道："在那个人身后，我看到一辆火轮车，每个轮子满是眼睛，轮上有个宝座，周围是一团火。"宝座和天车都是犹太神灵的传统象征与图腾崇拜，大致相当于希腊及早期基督教中的巨光。

在位于埃及尼罗河三角洲的古城孟菲斯，也有这样的传说，普塔神交给国王两个模型，用以庆祝他统治的周年纪念日，命令他10万年内庆祝该纪念日6次，普塔神来给国王送模型时，乘着一辆闪光的车，不久，他又乘车在地平线上消失了。今天，在埃德弗的房门上和庙宇里我们还可看到画有翅膀的太阳和带着永恒标记的飞鹰图画。

流传下来的故事

假如一架直升机第一次在非洲丛林里着陆，当地人谁也没见过这玩意儿。直升机发出吓人的"隆隆"声，在一块空地上降落。驾驶

员身穿战地服装，手提机关枪，头戴着防撞头盔，从机舱里跳了出来。缠着腰布的野人看着这个从天而降的东西和从没见过的神吓呆了，茫然不知所措。甚至连手脚都不知道该往什么地方放了。过一会儿，直升机又起飞了，消失在天空之中。剩下这个野人时，他开始想法来解释这件事。他会告诉那些不在场的伙伴，他看到一辆飞车，一只大鸟，发出可怕的声音和臭味，还有带着喷火武器的白皮肤的生物。

这不同寻常的来访者被记录下来，一代一代传下去，就形成了这些神奇故事，父亲讲给儿子听时，这只天鸟显然不会变小，而里面跳出来的生物则变得更加奇特、更加仪表堂堂、更有本领。

故事会添上这样那样的枝叶，但是，这个神奇的传说的前提

是确有直升机降临了。从那时起，这件事就成了这个部落的一个神话，永远流传下来，而且越流传越神秘。

拓展阅读

在哥伦比亚的北部，人们曾经发掘出一件很奇怪的黄金首饰，经过设计师们仔细研究发现，这件首饰的形态与平衡方面的情况极为符合航空学原理，据此推断它是一件航空模型，更确切一点地说，是一件现代式喷气机、火箭或其他有推进装置的航空模型。

神秘的复活节岛石像

复活节岛的发现

复活节岛是智利的一个小岛，距智利本土3600多千米。

1722年荷兰探险家雅可布·洛吉文在南太平洋上航行探险，突然发现一片陆地。他以为自己发现了新大陆，赶紧登陆，结果上岸后才知道是个海岛。正巧这天是复活节，于是就将这个无名小岛命名为复活节岛。1888年，智利政府派人接管该岛，说来也

巧，这天又正好是复活节。

复活节岛呈三角形状，长24千米，最宽处17.7千米，面积为117平方千米。岛上死火山颇多，有3座较高的火山雄踞岛上3个角的顶端，海岸悬崖陡峭，攀登极难。

矗立在岛上的巨人石像

一提起复活节岛，人们首先想到的是那矗立在岛上的600多尊巨人石像。石像造型之奇特，雕技之精湛，着实令人赞叹。人们不禁要问，这么多的石像是什么人雕琢的？雕琢如此众多的石像的目的是什么？是供人瞻仰观赏，还是叫人顶礼膜拜？

近些年来，一些国家的历史学家、考古学家和人类学家都曾登岛考察，企图弄个水落石出，结果虽提出种种解释，但也只能是猜测，不能令人信服。

　　复活节岛上的石像，一般高7米至10米，重达30000千克至90000千克，有的石像一顶帽子就重达10000千克之多。石像均由整块的暗红色火成岩雕琢而成。所有的石像都没有腿，全部是半身像，外形大同小异。石像的面部表情非常丰富，它的眼睛是专门用发亮的黑曜石或闪光的贝壳镶嵌上的，格外传神。个个额头狭长，鼻梁高挺，眼窝深凹，嘴巴噘翘，大耳垂肩，胳膊贴腹。

　　岛上所有石像都面向大海，表情冷漠，神态威严。远远望去，就像一队准备出征的武士，蔚为壮观。面对这一尊尊构思奇巧的巨人石像，人们自然会有一连串的疑问：石像雕于何时？如此高大的石像又用什么办法搬到海滨？一些尚未完工的石像，又是遇到什么问题而突然停了下来？为揭示这些谜，科学家们进行了长期调查，对于一些问题已有了初步的答案。

揭开巨石之谜

　　据有关学者考证，人类登上复活节岛始于1世纪，

石像的底座祭坛建于7世纪，石像雕琢于一世纪以后。至12世纪时，这一雕琢活动进入鼎盛时期，前后历经四五百年。大约至1650年前后雕琢工程停了下来。

从现场环境看，当时忽然停工的直接原因可能是突然遇到天灾，比如说火山喷发，或是地震、海啸之类的自然灾害。至于石像代表了什么，多数学者认为，可能是代表已故的大酋长或是宗教领袖。

接下来的问题是石像是怎么运到海边的。在岛的东南部采石场，还有300尊未雕完的石像，最高的一尊高22米，重约40万千克。如此巨大的石像在那个时代，仅靠人力和简单的工具是运不走的。据当地人传说，要运走这些石像，是靠鬼神或火山喷发的力量搬到海边的。还有的说，是用橇棒、绳索把躺在山坡上的石像搬到大雪橇上，在路上铺上茅草芦苇，再用人拉、棍撬一点一

点移动前进的，一些考古学家真的组织人这样做了，结果证明行不通。因此，复活节岛对于旅游者来说，仍然是一个很神秘的地方。

复活节岛上复活的文明

大洋中间的复活节岛是一块三角形岩石，东北部高出，面对着波利尼西亚小岛群。西南部地势平缓，与智利海岸遥遥相对。三角形的每个角上各有一座火山。左边角上是拉诺考火山。右边是拉诺拉拉科火山，这座火山的斜坡上有岛上最大的巨型石像群。北方角上是拉诺阿鲁火山，它与特雷瓦卡山相邻。岛上的居民几乎都住在靠近拉诺考火山一个叫汉加罗的村庄里。

复活节岛是迄今唯一一个发现有古代文字的波利尼西亚岛屿，这些文字的意义至今仍是不解之谜。

尽管局限于如此之小的区域，而且仅被少数的当地居民使用过，但这些文字都是一种高度发达的文明而佐证。这些人是谁？他们什么时候来到这座岛屿？来自何方？是他们带来了自身的文明和自己的文字吗？这些深奥晦涩的符号曾经是要表述一种什么样的情感、思想和价值？

最后一群知情者的意外死亡

复活节岛于1772年被荷兰商船队长雅各布·罗格温发现，厄运从此开始。那时岛上的人口是4000人，1863年减至1800人，至1870年只有600人，而5年之后仅有200人，至1911年时也不过稍多一点。复活节岛上唯一的资源就是人力和少数几块农田。

1862年，一支贩运奴隶的海盗船队从秘鲁出发，来此寻找挖鸟粪的工人。他们掠走了1000多岛民，包括他们的国王凯莫考，他的儿子莫拉塔和那些能读懂

称为石板文字的老人。

　　驻利马的法国领事最终将100多个被贩卖的岛民遣返回岛。但那时他们都已染上了天花，并且回去之后又传染了其他岛民。或许复活节岛文字的秘密就是随着这场灾难性的传染病的受害者一起被埋葬了。

神秘木简上的天书

　　人们最早着手研究这些文字遗迹是在1864年至1886年，那时

他们试图把这些符号加以分类或是把他们与其他未经破解的文字，和古印度文字加以比较。这些破译的尝试分为三个阶段，每一段都与一个象征复活节岛一段历史的图形和一个特定的木简相关联。

　　当1866年法国商船"坦皮科号"停泊在复活节岛近海时，岛上约有1000多居民。这艘船的船长是迪特鲁·博尔尼耶，

随船前来的有传教神父加斯帕尔·赞博。

　　两年后，迪特鲁·博尔尼耶在岛上定居下来，与岛上女王科雷托·库阿普伦成婚，或者更准确地说，是挟持了女王，并与一个叫约翰·布兰德的混血人结成一伙。

　　1868年，赞博神父决定返回瓦尔帕莱索。由于他将途径塔西提，岛民请他带给主教德帕诺·若桑一件礼物以表敬意。这件礼物是用100米长的发辫绕成的一个巨大的球。当礼物解开后，展现在主教面前的，是一块有奇怪符号的木简。

　　传教会里有一位年长的岛民乌鲁帕诺·希那波特解释说，那是石板文字，是记录岛上最古老传统的木简。但自从知道这些符号秘密的老人去世后，就再没有人能解释出来了。主教给仍留在

岛上的传教士希波利特·鲁塞尔神父写信，要他尽其所能寻找这些木简并送给他。

鲁塞尔送了6块给他，随附注记说，上面的符号很可能什么都不表示，岛民也不知道他们表示什么，而那些宣称知道它们含义的人都是骗子。

但这位主教深信这是个重要的发现，并且他终于在塔西提一个种植园里找到了一个能解这些木简的人梅特罗·陶·奥尔。主教刚把其中一块有几何、人形和动物图案的木简给他，他就开始吟唱宗教圣歌，很明显是在读那些符号，从下往上，从左至右，并在每一行结束的时候把木简翻过来，接着读下一行。

这是一种叫"牛耕式转行书写法"的变种，字面意思是说，像牛耕地时那样转换方向，类似于某种古希腊碑文，行与行逆向书写。不幸的是，不管把哪一块木简给他读，这个人唱出的都是同样的内容。最后，老人坦白承认，岛上没有人能看懂这些符号。

1870年，智利"沃伊金斯号"海船船长伊格纳西奥·加纳抵达复活节岛时，迪特鲁·博尔尼耶把一根刻有符号的当地首领的拐杖送给他，专家们认为这是现存的最好的石板文字范例。

加纳把这根拐杖，连同两块刻有符号的木简送给了自然历史博物馆的学者鲁道夫·菲利皮，并解释说，复活节岛民对这些符号如此敬畏，显然这些符号对他们来说极为神圣。菲利皮立即把木简的石膏模型送给世界各地的专家。但没有一位被请教的专家能找到这些神秘符号的答案。

不可能破译的灵魂

威廉·汤姆森是"密歇根号"美国轮船的事务长，这艘船

1885年停靠复活节岛。3年来，美国国家博物馆出版了他的介绍复活节岛历史的著作，那是当时最为详尽的关于该岛的记述。

在到达复活节岛之前，"密歇根号"停靠塔西提。在那里，汤姆森拍下了主教收藏的木简的照片。一到复活节岛，他就四处寻找能翻译这些符号的岛民。他遇到了一位叫乌尔·韦伊克的老人，一看到这些木简的照片，老人就开始很快地吟唱，就像梅特罗·陶·奥尔，他似乎不是在读这些文字。

专家们现在认为复活节岛上的这些符号有些可能是单词，或许它们只是些符号，帮助把口头传诵的传统传递下去，尤其是使家族系谱记录代代相传。在今天，它们仍是奉献给静默之神的诗篇。

拓展阅读

岛上居民对于这些石雕丝毫没有历史记忆，也不知石像是在刻谁，一点都不像当地的土著人，是纪念什么人？或是神呢？曾经教导过他们一些我们不曾知道的知识，而令他们难忘，感恩之余，雕刻这些石像，以示纪念呢？

直刺蓝天的金字塔

层阶金字塔

　　蒂亚瓦纳科遗址是玻利维亚印第安古文化遗址，位于南美洲玻利维亚与秘鲁交界处的喀喀湖以南，蒂亚瓦纳科古城遗址面积约45万平方米，最引人注目的莫过于那直刺蓝天的层阶金字塔了，其底部长宽各约210米，高15米，有阶梯直通顶部。

　　在层阶金字塔顶部有房基和贮水池、排水沟等遗迹，现在还

不清楚它是神庙还是居民的避难所，但可以肯定的是，它与埃及金字塔迥然不同。埃及金字塔是用巨石垒砌的，是法老的陵墓，而这里的金字塔则是用土垒筑，多是具有神庙性质。

卡拉萨萨亚平台

层阶金字塔的西北面有一个称为"卡拉萨萨亚"的长方形平台，长180米，宽135米，高2米至3米，平台四周有石砌护墙。据玻利维亚政府公布的发掘结果表明，这里埋藏有一座半地穴式的神庙，俗称古神庙，深1.7米，长28.5米，宽26米，近似方形，没有屋顶，这座神庙的内壁是由砂岩砌成，壁上刻有祭司头像之类的画面。

卡拉萨萨亚中还发现众多横七竖八的石刻头像，这些头像表现了各种不同的人种。在这些头像中，有的嘴唇厚，有的嘴唇

薄；有的长鼻子，有的鹰钩鼻；有的耳朵小巧，有的耳朵肥厚；有的面部线条柔和，有的棱角突出；有的还戴着奇怪的头盔……

　　瑞士的著名学者丰·丹尼肯在《众神之车》一书中大胆提出，这些形态各异的头像，是在向世人们传递着某种无法理喻的信息，即外星人曾经光顾过地球。

石棺宫殿

　　卡拉萨萨亚的西侧有一座"石棺宫殿"，长48米，宽40米，两重墙垣，高度相当，间隔8米，用精制的石料砌成，宫殿内有排水沟。

　　蒂亚瓦纳科城址西南部有一个称为"普马·彭克"的地区，散乱分布着大量加工过的石头。这儿有一个长160米，宽140米，高6米的土台。

据1540年光顾这里的西班牙人留下的笔记资料记载：这些土台上曾砌有墙壁，石头均经过加工，有的重量起过300吨，而且还有狮形人雕像。这座城市附近没有采石场，在现代条件下，将这些笨重的巨石从遥远的地方运来都是一件极为困难的事，更何况古代的印第安人呢？

高原地区气压很低，空气中含氧量稀薄，体力劳动对于任何一个非本地人来说都是难以忍受的，然而古代的印第安人居然能做出今人都难以想象的事情，建立了这座巨大的城市，该作何解释呢？难道能够简单地归之于借助外星人的力量吗？而外星人光临地球只能算是一个大胆的假设而已。

大量的巨石上发现有"T"字形或I字形的沟槽，显然蒂亚瓦纳科的居民已掌握使用榫卯结构垒砌巨大的石壁，他们还发明了铜和青铜制成的金属工具，并用之于加工石料，雕刻心目中的庇护神。

匪夷所思的遗迹

在这座古城附近尚未发现当时一般平民的居住遗址。在人口稀少、自然环境恶劣的条件下，如何建立起这样一座巨大的城市呢？

据生态学研究成果表明，蒂亚瓦纳科城北的喀喀湖鱼类资源丰富，濒湖地带土质肥沃，良好的土壤条件为玉米、马铃薯等农作物的栽培提供了优良的条件，而且高原上牧草富饶，适宜放牧骆马和羊驼。所有这一切，都为居住在这座与世隔绝的古城居民奠定了生存和发展的基础。

值得一提的是，蒂亚瓦纳科城布局规范，设计精心。城内有东西、南北两条大道，层阶金字塔、神庙和石砌平台等建筑物就分布在这两条大道的旁边。

20世纪以来，美国考古学家温德尔·贝内特和玻利维亚考古学家桑切斯通过调查发掘还发现蒂亚瓦纳科城并非一时完成的，而是从公元前后至600年之间逐渐建立起来的。如今，由于历经沧

桑兴变，古城昔日的风貌已湮没难辨。

蒂亚瓦纳科在600至1000年一直是南美印第安文化的中心。600年前后，以这座城市为代表的文化范围仅限于的喀喀湖沿岸地带，700年左右，文化开始向外传播，至1000年前后，这儿的文化几乎浸透至安第斯全境。

秘鲁中部高原重镇瓦里和中部海岸城市帕恰卡姆成为继承和发展蒂亚瓦纳科文化的两个中心，此后，这一地区的文化持续稳定向前发展。15世纪中叶至16世纪中叶，形成南美大陆史前时代拥有最大版图的帝国——印加帝国。蒂亚瓦纳科作为南美文化的基石逐渐被世人遗忘。

今天，在蒂亚瓦纳科城附近，有一些野草丛生的人造小山。这些小山山顶平坦，面积达4000平方米，山里面极有可能隐藏着建筑物。如果有朝一日，学者们能够将这些平顶小山逐个进行发掘，说不定能为这座神秘的古城提供令人振奋的线索。

拓展阅读

蒂亚瓦纳科遗址是由重达几十吨甚至数百吨的巨石严密砌成。整个遗址由普玛门、太阳门、卡拉萨萨雅石柱、地下神庙、亚卡·帕纳金字塔构成，被的的喀喀湖原始湖岸线所包围，整个区域呈现出一个豁口向下的新月形地貌特征。

人类可能失传的技术

埃及胡夫大金字塔

从现已发现的史前科技文明判断，史前人类曾具有极高的科技水平，许多技术甚至连我们现代人类也无法达到，然而它们是远古时期的产物。史前人类对地理和天文知识的认识也可媲美我们现代人类的水平。

　　地球上大量的巨石建筑群证明史前文明的存在。这些巨石建筑特点是高大宏伟，用非常庞大的石块砌筑而成，而且拼接得非常完美。而这些巨石要用现代化的机器才能搬运，有的甚至连现代化的工具都无能为力。这些建筑中往往都运用了十分精确的天文知识。建筑物的三维尺度、角度和某些天体精密对应，蕴涵着很深的内涵。

　　埃及胡夫大金字塔由230万块巨石组成，平均每块重达2.5吨，最重的达250吨。其几何尺寸十分精确，其4个面正对着东南西北，其高度乘以109等于地球到太阳的距离，乘以43200恰好等于北极极点到赤道平面的距离，其周长乘以43200恰好等于地球赤道的周长。其选址恰好在地球子午线上，金字塔内的小孔正对着天狼星。

　　穿过金字塔的经线，刚好把地球上海洋和陆地分为对等的两

半。这座金字塔的底面积除以两倍的塔高，刚好是著名的圆周率π＝3.14159。整座金字塔坐落在各大陆重力的中心。所有这些都出于巧合吗？ "巧合"的数字还可以列举很多，然而难道仅仅都是巧合吗？

这种怀疑也许会动摇埃及人的民族自豪感，但对于堆积230万

块巨石的惊人工程，学者们指出，以当时的技术水平，埃及必须
有5000万人口才能勉强承担，而那时全世界才不过2000万人。另
外，法国化学家约瑟夫•大卫•杜维斯从化学和显微角度研究，认
为金字塔的石头很可能是人工浇筑出来的。他根据化验结果得出
这样的结论：金字塔上的石头是用石灰和贝壳经人工浇筑混凝而

成的，其方法类似今天浇灌混凝土。由于这种混合物凝固硬结得十分好，人们难以分辨出它和天然石头的差别。此外，大卫·杜维斯还提出一个颇具说服力的佐证：在石头中他发现了一缕约0.025米长的人发，唯一可能的解释是，工人在操作时不慎将这缕头发掉进了混凝土中，保存至今。

一定有些什么人，在古埃及人之前运用高度发达的建筑技术建造了金字塔。他们试图通过金字塔向后世传达某种信息，还有他们的骄傲。那么，他们是谁？

埃及基沙高原的狮身人面像

基沙高原的狮身人面像，正对着东方，经最新天文分析和地质分析，其建筑年代可能要比考古学家早先的估计要久远得多。美国地质学会修齐教授认为，狮身人面像的身体受到的侵蚀似乎

不是风沙造成的，风沙造成的侵蚀应该为水平、锐利的，而狮身人面像的侵蚀边缘比较圆钝，呈蜿蜒弯曲向下的波浪状，有的浸蚀痕迹很深，最深达2米。另外上部侵蚀得比较厉害，下部侵蚀程度没这么高。这是典型的雨水侵蚀痕迹。而狮身人面像暴露在空气中的时间最多不会超过1000多年，其余时间被掩埋在沙石之中。

如果真是建于埃及卡夫拉王朝而又被风沙侵蚀的话，那么同时代的其他石灰岩建筑，也应该受到同样程度的侵蚀，然而古王朝时代的建筑中没有一个有狮身人面像受侵蚀的程度严重。从公元前3000年以来，基沙高原上一直没有足够造成狮身人面像侵蚀的雨水，所以只能解释为这些痕迹是很久远以前、基沙高原上雨水多、温度高时残留下来的。

    根据天文学计算，公元前11000至公元前8810年左右，地球上每年春分时太阳正好以狮子座为背景升上东方的天空，此时狮身人面像正好对着狮子座。根据以上分析，考古学家推测狮身人面像很可能建于10000多年前。

罗马确是一天建成的

    考古学家的最新据最终证实罗马帝国于公元前625年8月13号的日落之前开建并完工。考古学家们出示了一个卷轴，也就是一份由朱利叶斯·撒本人亲自签署的文件、合同。这份拉丁文的合同的其中一部分翻译过来是说：我们巴比伦建筑公司同意在公元前625年8月13号这一天开始动工并完成罗马帝国建筑的修建，

如果我们不能在帝国指定的时间内完成，凯撒大帝可以砍下我们的脑袋去喂狮子。

　　考古学家们认为这一证据绝对有效，工匠们一定是在一天之内完成了罗马城的修建，因为他们没有发现任何被吃掉的脑袋的残渣的化石。罗马帝国覆盖了28万平方米的土地，其中包括数个城市、小镇、数条河流、多座山、多个大剧场，许多导水管、排水沟、拱门、博物馆、镀金大教堂以及比萨小屋等。这一切要在一天，也就是12个小时之内完成，绝对超乎想象。建筑师弗雷德说："在一天内，我的工程队连一垛清水墙都完不成。根据这张罗马城的模型图来看，我的公司要花上数百年才能完成整个罗

马帝国修建工作。"

如果文件上所述的情况属实，今天的科学家、建筑家又将陷入新的迷宫，他们无法解释在那个时代的人们是怎么在12个小时里完成了28万平方米的罗马帝国的建造的。

历史学家罗杰斯认为这些就和金字塔一样，是千古之谜，只能想象是那个时代的人所掌握的一些东西失传了，我们现代人的技术无法跟进。首先他们修建了金字塔，接着他们又修建了狮身人面像，而后他们又建造了西尔斯塔等不胜枚举的奇特而神秘的建筑。

就算假设那时他们使用了800万之众的埃及奴隶，我们现在也有这些不再被称作奴隶的雇工，可我们依然做不到。

拓 展 阅 读

罗马被喻为全球最大的"露天历史博物馆"。世界八大名胜之一的古罗马露天竞技场，也称斗兽场，建于1世纪。这座椭圆形的建筑物占地约20000平方米，周长527米，是古罗马帝国的象征。

图解日新
月异的科技

史前人类的采矿活动

史前冶金厂遗址

1968年，苏联考古学家科留特梅古尔奇博士在亚美尼亚加盟共和国的查摩尔发现了一个史前冶金厂遗址。考古界一致认为这是目前所发现的最大、最古老的冶金厂，至少有5000年历史。

在这里，某个未知的史前民族曾用200多个熔炉进行冶炼，生

产诸如花瓶、刀枪、戒指、手镯之类的产品。他们冶炼的金属包括铜、铅、锌、铁、金、锡、锰等。此外还发现冶炼时，劳动者戴手套和过滤口罩的证据。最令人赞叹的产品要算是钢钳了。

据化验，此钢的品位是由苏联、美国、英国、法国和德国的科学研究机构共同作出的。法国一名作家写道："这些发现表明查摩尔是人类早期文明的有识之士所建造的。他们的冶炼知识是从未知的遥远的古代继承下来的，此知识堪称为科学与工业。"

旧石器时代的矿址

1969年和1972年，人们在南非期威士兰境内发现了数十个旧石器时代以前就被开采过的红铁矿的矿址。而在非洲雷蒙托的恩格威尼坦的铁矿，经科学测定在43000年前就曾被开采过了。

另外在美国的罗雅尔岛，美国考古学家发现了史前铜矿井，

连当地原住民印第安人都不知此矿井始于何时。迹象表明这史前矿业已开采了数千吨铜矿，但在矿井所在地找不到曾有人在该处久住过的痕迹。

美国犹他州的莱恩煤矿

最奇怪的要算是美国犹他州莱恩煤矿矿工发现了。1953年，当该矿的矿工们在采煤时，竟挖出了当地采煤史上从未记载的坑道。里边残存的煤己氧化，失去商业价值了，可见其年代的久远。

1953年8月，犹他大学工程系和古人类系的两名学者做了调查，表明了当地的印第安人从未使用过煤。莱恩煤矿与罗雅尔岛

发现的铜矿情形一样，显示了这些史前的矿工也拥有采矿和将煤矿运至远处的手段和技术。

超远古矿场

而至今，有一批仍受到地质学家和人类学家重视的超远古矿场，是发现于法国普洛潘斯的一个采石场的岩层中。1786年至1788年期间，这个采石矿场为重建当地司法大楼提供了大量的石灰岩。矿场中的岩层与岩层之间都隔有一层泥沙。当矿工们挖到第十一层岩石，即到达距离地面12米至15米的深处下面又出现一层泥沙。

  当矿工们清除泥沙时，竟发现里边有石柱残桩和开凿过的岩石碎块。继续挖下去，更令他们惊奇的是发现了钱币、已变成化石的铁锤木柄及其他石化了的木制工具。最后还发现一块木板，同其他木制工具一样已经石化，并且裂为碎片。将碎片拼合后发现正是一块采石工人用的木板，而且与现在所用的一模一样。

  类似以上史前采矿业及其他不明遗迹现象的发现还有很多，除了引发人们的好奇外，或许更重要的是它们在考古学上展现的意义，是该将人类文明史的起始时间极大地向前推移了。

拓 展 阅 读

科学家通过最近发现了解到，月球上存在
大量水冰。月球两极的寒冷陨石坑在数十亿年
间，可能都已经捕捉和堆积了大量水，这些
水相对比较纯净，而且很容易获得。人类历史
上的第一次地外采矿活动，可能会从月球上开
始，这是由于它含有大量相对比较容易获得的
水冰。

毁于"核爆炸"的古城

先进的城市规划和排水系统

位于印度河流域的马享佐达摩建于4500年前，城市建设经过事先的规划、设计，布局严整，呈长方形棋盘格状。市区有四通八达的街道，东西走向和南北走向的各宽2.4米至3米，居民住房家家有井和庭院，房屋的建材是烧制过的砖块，室内有管道设备。当然，最令考古学家惊异的还是遗址完整的排水系统。马享

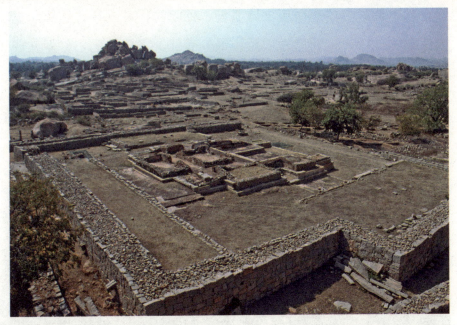

佐达摩古城遗址由两部分构成：西侧的城堡和东侧的广大市街区，城堡建筑在高达3米的地基上，城堡内有砖砌的大型谷仓和被称为"大浴池"的净身用的建筑。大浴池是用质量上乘的砖砌成的，长12米，深2.4米，有多条排水道，无论按照什么标准，都是一个大型公共设施。

室内管道设备直至20世纪才在现代社会出现，而城市规划也是最近数十年才得到应用，然而，这一切却都能在马享佐达摩古城遗址找到。这一古老文明是如何在曲线图出现前数千年创造这一复杂的城市，所有的一切又是出自何人的规划？

印度河是世界上最长的河流之一，也是人类文明的一个发源地。从19世纪开始，人们在印度河畔的旁遮普省一带，发现了一个东西长1600千米，南北长1400千米属同一文明的大量遗址，其涵盖范围之广在世界上也是独一无二的，这就是所谓的印度河文

125

明。其中最著名的是两座古城遗址，即哈拉巴和马亨佐达摩。据最保守的估计，这两座古城距今最少有5000多年的历史，但在印度的早期历史中没有这两座古城的记载，所以更多的人认为，它们的历史也许比猜想的还要古老得多。

在城市建筑的挖掘中，考古学家根本找不到神殿和宫殿，这与世界上目前所挖掘的古城遗址都不相同，似乎这些城市根本没

有统治者和贫富分化，马享佐达摩城的居民住宅建筑更证实了这点，所有住房都是由砖建成。

从格局规模来看基本差不多，马享佐达摩城的卫生设施令考古学家吃惊不已，其完善的程度即使如今的现代化城市也未必能达到。每一家都有一个从楼上倾倒垃圾的通道，设在二楼的厕所也有一条专门的管道通入地下排水系统，然后经过一个沉淀槽流

入排水系统。这套地下排水系统密如蛛网，完全可以和巴黎的地下排水工程相媲美。

马享佐达摩古城毁于核爆炸

考古学家在哈拉巴城出土了大量印章，上面刻有奇怪的文字，与印度发现的任何一种文字都不相同，目前还没有人能够解读这些文字。更奇怪的是，考古学家通过对这里发现的人体骨骼鉴定断言：这里发现的人种在世界上是不存在的，这种人混合了世界诸多人种的要素。

在马享佐达摩城里出土了大量遗骨，有的在街道上，更多的人在居室里。在一个比较大的废墟里发现了成排倒地死去的人们，有些遗体用双手盖住脸，好像在保护自己，又好像看见了什么害怕的事情。可以肯定，所以的人都是在突然状态下死去的。这座古城当时一定发生了件很巨大的异常事变，是什么呢？ 印度

考古学家卡哈对出土的人骨进行了详细的化学分析后说："我在9具白骨中发现均有高温加热的痕迹。"这说明古城的居民死亡与突然出现的高温有关。马享佐达摩城的毁灭和《圣经》里所多玛城和蛾摩拉城的毁灭有相似之处，都是突然间被与高温有关的东西摧毁的。

人们在马享佐达摩还发现在许多坍塌的建筑物上有承受过某种高温的痕迹，人们甚至发现一些'玻璃建筑'——托立提尼物质。这种物质的形成是由于瞬间高温溶化了物体表面然后又迅速冷却造成的。至今人们只在热核武器爆炸现场发现过这些人为的物质。一切证据都在说明：这里曾发生过热核爆炸！

《摩河波罗多》是古印度的一部伟大的梵语史诗，汇集了许多谈论历史和神话的长篇叙事诗。有许多资料非常精确，令人觉得作者是依据第一手材料来撰写这部叙事诗的。

　　作者怀着十分厌恶的心情描写神的一种武器，能把所有身着盔甲的武士全部杀死。过后那些幸存者必须把身上的衣服脱掉跳进河里，把浑身上下以及他们接触过的东西洗个一干二净。作者解释说，因为这种武器能使头发和指甲脱落。他悲叹道，一切生物一碰上这种武器就会变得憔悴孱弱。

　　在同一卷里，有一段也许是最早的关于投放氢弹的记述，说到古尔迦从一架威力无比的维摩拿，即飞车上往三角城扔下一枚炸弹。文中所使用的字眼犹如摘自比基尼岛第一枚氢弹爆炸的现场

记录：炽热的烟雾，高强度比太阳强1000倍，腾空而起迸发出无比耀眼的光芒，把城市化为灰烬，其威力之大足以把胎儿扼杀于母腹之中。在印度，这种武器被叫做"婆罗门的武器"或"雷神的火焰"，在南美被叫做"马修玛丽"，在凯尔特人的神话里则被称为"闪电弹"。在凯尔特人的神话里，这种闪电弹根据爆炸时能够杀伤的人数，而有不同的名称。能杀100人的叫"百人弹"，能杀500人的叫"五百人弹"，能杀1000人的叫"千人弹"。

　　在另外一部叫《拉马亚那》的叙事诗中描写了几十万大军瞬

间被化为灰烬的情景，诗中说当时这些军队是在兰卡被毁灭的，而兰卡正是印度人对马享佐达摩古城的称呼，这更加证明马享佐达摩是被毁于一场大爆炸之中。

在印度远古文献中，有"卡尔帕"的概念，它相当于42.32亿年，又有"卡希达"的概念，它相当于1亿分之3秒，这两个时间概念曾使很多研究者摸不着头脑。然而，核物理学家明白，在自然界中，要用亿年或百分之几秒的时间来量度的，只有放射性同位素的分解率。

既然古印度人掌握了这些概念，那么他们就应该拥有量度核物质和次核物质的技术，进而说明他们能制造核武器。因而可以相信人类曾有过若干次文明，并且已熟知原子能，由于对原子技术的误用导致了文明的毁灭。

毁于核爆炸的世界各地建筑

目前在世界各地都可以找出关于史前核大战的证据，如秘鲁发现了一座石壁上的岩石呈现玻璃化状，这需要极

高的温度才能造成，而这座古壁附近没有任何陨石坑，可以肯定不是陨石所造成的。经过考古判断，哈特萨古城是因为受到原因不明的非常高的高温而毁灭的。

在古巴比伦王国的地方，有一座至今仍有46米高的古塔废墟，许多考古学家认为这就是这座塔上也有人工造成的高温痕迹。1928年，有两位德国矿工在巴西发现了一座乌黑光滑的玻璃山，是典型的托立提尼物质。科学家们认为，能在瞬间形成这么高的温度，在地球上也只有热核武器的爆炸具有此能力。

虽然印度河上游的哈拉巴遗址和印度河下游的马享佐达摩遗址两地相距600千米，但出土文物非常相似，经印度考古学家对该地为数众多的出土物进行放射性碳-14测定，得知这个印度古文明应该开始于公元前2500年，并且在公元前1500年消失。目前该地区一片荒芜，寸草不生，鸟兽绝迹。

拓展阅读

哈特拉古城，位于伊拉克西北部的尼尼微省摩苏尔市。哈特拉城约建于公元前2世纪，当地居民崇奉太阳神，因此哈特拉城也曾被称为"太阳城"。城市中心建有太阳庙，庙门正面饰有美杜莎的石雕头像。哈特拉古城呈圆形，环城建有双层城墙，城墙上还建有城堡和塔楼。

比萨古船沉没之谜

比萨发现古代木船遗迹

1998年2月，比萨斜塔以南正在进行铁路延伸工程。因为这一带经常出土文物，所有新的建筑工地上都必须有一位考古学家进行现场监督。

现在，这个任务落在女考古学家伊林娜·罗西身上。但是她并不知道自己脚下埋藏着何等重大的秘密。泥土中的一块木头引

起了她的注意。正常情况下，木头腐烂得很迅速，所以几乎不会在很深的地下保留下来。因此伊林娜·罗西知道它很重要。

这个偶然的发现使投资上千万英镑的建筑工程完全停了下来。伊林娜挖掘了两天，竟然挖出一艘近2000年前的古罗马船只。由于木船保存完好，古代造船工人留下的工具整修痕迹清晰可见。

就在几米开外，伊林娜与她的同事发现了另一艘古船遗迹。它的货物还原封未动，船员的鞋子就在附近出土。令人惊讶的是，这两艘船仅仅才是故事的开始。

17艘古船的墓地

伊林娜·罗西说："几天后，我们又看到了第三艘船、第四艘船，这种发现一天天多了起来。"3号古船的缆绳与索具仍奇迹般地保留在原处。4号古船有18米长，已经翻了个。后来几乎每天都能挖出一艘"新的"古船。到最后总数竟达17艘。这是数量最

大的一次古船遗迹出土，但这些古船的来源还是个谜。

这些船只一见天日，人们马上就提出了古船为什么会出现在这里的疑问。要知道，出土地点到大海的最近距离是11千米，但是没有人对此作出解释。为什么有这么多的船只在相同地点沉没？是否有大灾难袭击这些船只？

远古船拥有双重动力

这个有足球场大小的考古遗址向我们展示了回顾往日比萨的窗口。伊林娜·罗西说："以前我没有见过古罗马时代的绳结，现

在出土的一个船上的绳结是2000年前系的，与今日的'水手结'相同。"

经过几个星期的挖掘，考古学家把注意力放在一艘船上。这艘船的年代约为公元前1世纪，大约是恺撒时期。船身的长度有9米，有公共汽车般大小，侧舷有12个水手的座位，船上还有一面纵帆。考古学家从来没有见过这样的文物：古船的船头上有用来攻击其他船只的撞角，靠12个水手划桨和一面风帆提供动力。

用来吸取鲜血的沙子

在17艘各类船只中，有一艘是货船。货船上有一个水手的遗骸，身旁是他忠实的狗。除了水手的物品外，这艘船至少还携带

了300只双耳陶瓶，那是古代罗马人的储藏罐。古船上的货品距今已有2000年的历史，人们可以借此了解古罗马帝国的进口贸易。

考古学家使用X光对船上货物进行了分析。分析表明陶罐中装有酒类、樱桃干和葡萄。但最令人惊奇的是一个装有沙粒的罐子，里面的沙粒都是经过人工挑选的。这些沙子来自南方，来自800千米以外的坎帕尼亚。也许就像某些人所说的，这是建筑竞技场所需的优质沙粒，用来吸干那些为生命而战的角斗士的鲜血。

四 百头猪的右前腿与狮子牙

在6个月的挖掘中，大量的古物又被发现。其中有精致的陶器，上面还绘有神话人物的图形。这真是一把开启历史之门的钥

匙。这些迦太基女神的半身塑像表明古罗马人与其最憎恨的敌国有商业上的往来。

考古学家又发现一艘货船，里面有用动物骨头制成的"诺亚方舟"。他们找来古动物学家克劳迪奥·塞伦帝诺进行研究。克劳迪奥·塞伦帝诺从骨头上的痕迹判断出它曾经被煮食过——也许作为水手的午餐。

这艘船上还有400头猪前腿，确切地讲，是400头猪的右前腿。很明显地，猪因为向左侧躺着睡觉而使其右边的肉肥嫩味美。这些猪腿很可能来自西班牙，在那里猪右腿被制成盐渍或熏制的火腿。这也解释了为什么古船上只有猪的右前腿而没有左腿。

最奇特的发现莫过于一颗狮子的牙齿。这只狮子大概来自非

洲，要被送往竞技场去参加斗狮子比赛。考古学家相信狮子身体的其他部位还应该埋在地下。每一个新发现都改变着人们对比萨的印象——那里应该是罗马帝国的大港口。

正当考古学家挖掘这一遗址时，他们又发现了有力的证据来支持这个论断。在距大海11千米的地下发现了古老港口的防波堤和码头。2000年前，水手们从这里卸下进口的火腿和美酒，还有要运往竞技场的沙子和石子。

比萨八百多年前与洪水搏斗的历史

究竟是什么力量使船只沉没，什么力量堵塞了沟渠、掩埋了港口？考古学家测定出船只的年代后，第一条线索出现了。这些船只并非出现于同一时代，它们前后跨越了800年的时间。这些古

船必然是被一连串的灾难所摧毁。

比萨800几年的历史是不断被淹没的历史。每次水灾都极其猛烈而且携来大量泥沙。泥沙淤积后，海岸线被退至几百米外。连续的水患把海岸线越推越远，致使城市与海洋的距离达到了11千米。

古代比萨人民建设了港口，但它被洪水带来的泥浆淹没。他们重建港口，新的洪水再次将它摧毁。这样的重复持续了800年，直至比萨人民征服了洪水猛兽。但港口永远消失了。盛极必衰是古比萨的悲剧。水灾使最重要的一批古船遗迹保存下来，这个非凡的考古遗址将给世人带来无尽的想象。

拓展阅读

长久以来，意大利的比萨城以其斜塔闻名于世，现在，这座小城又因"比萨古船"的考古发现而声名大噪。考古学家在比萨发掘到了古罗马帝国时期的17艘古船。这是迄今发现的最大一批古船遗迹。关于这些古船为何在此沉没至今至今还有准确的答案。

形象各异的石像

发现不同人头像

在哥伦布到达美洲之前，美洲一直是印第安人的家园。但是，令人百思不得其解的是，在墨西哥和南美一些地方发现的古代艺术品中，竟出现了陶制或石制的其他种族人物的头像。在墨西哥的特南哥地方，曾发现过一个奥尔梅克文化时代雕刻的翡翠人头像。

虽然该头像的鼻部已经破损，但人们从其扁平的脸形，并不

凹陷的眼窝，眉毛前额和颧骨的特征，仍然一眼就能看出，这是
个中国人的头像。

在危地马拉发现的另一个石雕人像，也明显地具有中国人的
特征。而在墨西哥的委拉卢克斯发现的另一个石雕人头像，一看
就是个非洲黑人。那厚厚的嘴唇，圆圆的前额，明显地表现出尼
格罗人种的特征，而与美洲印第安人的相貌完全不同。

在危地马拉还发现过一个石雕人头像，鼻梁又高又直，下巴
上蓄着长长的胡子，看上去像个闪族人，有人认为这是石器时代
腓尼基人的雕像。

雕像是如何而来

按常理说，艺术是生活的反映，古代美洲的印第安人很难雕
出自己完全不熟悉的种族的人像，那么这些没有在美洲生活过的
人的雕像是怎么来的呢？关于古代中国人曾到过美洲的说法由来

145

之久，史前腓尼基人曾到过美洲的传闻也有人相信。但是，这些毕竟还都是尚未证实的假设。

最难理解的是那个非洲黑人的头像，唯一可能的解释是黑人可能作为古代腓尼基人船队中的划桨奴隶，尚属疑问。而且就算有这样的事，又有谁会专为一个划桨奴隶雕塑头像呢？

美国神秘石像

美国北卡罗来纳州山谷发现神秘石头像的消息传开后，考古学家们为之震惊。因为这些石头像与远离美国8000多千米的南太平洋复活节岛上的大型石雕像基本相同。

奇怪的是这种在整块巨石上雕刻的雕像用的是松软火山岩材料，这在美国是罕见的。它意味着石像是在哥伦布1492年发现美洲新大陆前一世纪，就由人从复活节岛移到美国。

"这是考古学上一项惊人的发现！"理查德·克拉特博士

说，他所率领的考古小组于1994年10月28日，首先发现这些"神秘石像"。鉴于两地石像十分相似，使考古小组相信它们出自同一批雕刻者之手。

两地石像都以火山岩"泉华"为材料，这种"泉华"在复活节岛俯拾皆是，而美国却没有。由此可得出有人把石头像搬到美国的结论。然而，如此巨大石像怎样移至美国，这是一个谜。

这些石头像大小不一，小的高3米多，大的却高达12米多，足有50吨重。克拉特博士及他的考古队在离公路31千米处一个封闭的山谷里发现了第一个石头像，它面向北方。

不久，考古队又发现了一个埋在土石下的石头像。最后在特种扫描仪协助下，他们发现了山谷里埋藏着的23个石头像，它们排列成半圆环形状。这种排列似乎与宗教有关，但却无法证实。克拉特博士说："复活节岛上的石像也排列成一种特殊队形，而

人们无法考证为何要把石像排成如此队列？"

专家们猜测，包括波列尼西亚人和神秘的远东人在内的有关民族于1300年前发现复活节岛，在岛上立起石像，其目的是为吓唬入侵者和讨上帝欢喜。但这些人或他们的后代会去美国东部冒险吗？

克拉特博士不想向外界透露石像的确切位置，以免遭到记者和游客干扰。随着寒冬来临，他决定暂搁置挖掘工作，直至来年春天。

与此同时，专家们则可利用这段时间研究印第安传说，看看此间是否有外来者涉足这个山谷，以及美国石头像与复活节岛上石像有何联系。人们期待着这项研究工作能有新的发现。

我国新疆草原石人之谜

在我国新疆北部的草原上有一些石雕人像，但是这些石人来自何方，是谁人所为，何时所做，是哪个民族或部落的文化遗产？学术界至今还没有揭开这些谜底，在人们心中仍然是一个问号。

这些石人都是用整块的岩石雕凿而成。从外形来看，大都是全身像，头部、脸型和身躯雕刻得生动逼真。近年在博尔塔拉蒙古族自治州温泉县境内阿尔卡特草原上发现的阿尔卡特石人，就是用一整块白沙岩石雕凿而成的。其头部雕琢出一个宽圆的脸庞，高高的颧骨，一双突起的细长眼睛，嘴唇有两撇八字胡须。

身上雕琢出翻领大裕袢，腰部束一根宽腰带。右手拿一个杯子举在胸前，左手按着一把垂挂在腰际的长剑。脚部刻画出一双皮靴子。石人的脸部表情严肃，仿佛是威武的将士在保卫和巡视着周围的草原。

这些来历不明的石人吸引了来自世界各地的考古学家，而研究历史的学者们也在积极探讨这些石雕作品的"来龙去脉"，希望它不久能真相大白，以另外一种姿态出现于世人的面前。

拓展阅读

阿富汗巴米扬佛像群位于首都喀布尔西北的巴米扬镇东北郊不远的山崖处。这里遍布大小石窟6000余座，石窟群中有6尊傍山而凿的佛像。其中两尊巨佛，一尊造于5世纪，高53米，着红色袈裟，名叫塞尔萨尔；一尊凿于1世纪，高38米，身披蓝色袈裟，名叫沙玛玛。

木牛流马究竟为何物

木牛流马是普通独轮推车吗

《宋史》、《后山丛谭》和《稗史类编》都记载，木制独轮小车，汉代称为鹿车，经诸葛亮改进后称为木牛流马。到了北宋，在沈括《梦溪笔谈》中开始出现了"独轮车"的名称。

四川省渠县蒲家湾东汉无名阙背面的独轮小车浮雕及同县燕

150

家村东汉沈府君阙背面的独轮小车都再现"木牛流马"的模样。这种小车的形态和构造，因地制宜，略有不同，故各地所称手推车、二把手，鸡公车等，都是指这种独轮小车。

木牛流马是四轮车、独轮车吗

高承《事物纪原》卷八记载："诸葛亮始造木午，即今小车之有前辕者；流马即今独推者是，民间谓之江州车子。"这在《诸葛亮集》、《资治通鉴》里也有些根据，范文澜明确提出这个观点。其确凿证据是在成都羊子山2号汉墓出土的"骈车"画像砖，其右下角有人推独轮小车的形象。

"木牛流马"的称呼来历，因为独轮车不用牛马，一个人能推走，为不吃草的牛、能流转的马，这正如今人把拖拉机叫做铁

牛、摩托车叫电驴子一样。但这两种解释也有欠妥之处，独轮车、四轮车机械原理十分简单，何劳"长于巧思"的诸葛亮亲自制作？而且独轮车早在2000多年前就有了，诸葛亮沿用了这种独轮车，还值得史书上大书一笔吗？

木牛流马是奇异的自动机械吗

我国古代三国时代，运用齿轮原理制作机械，已屡见不鲜。

东汉时毕岚作翻车是利用齿轮转动来汲水的一种装备。三国时韩暨又制造水排，利用水力驱动水轮来灌水。

魏国有个马钧，他制造出指南车，又能用水力发动，使木人击鼓吹箫，跳丸掷剑，舂磨斗鸡，变巧百端。而诸葛亮只能制造独轮车，不是相形见绌吗？

《南史·祖冲之传》记载："以诸葛亮有木牛流马，乃造一

器，不因风水，施机自运，不劳人力。"可知祖冲之是亲眼见过木牛流马的，又因木牛流马的启发，他便创造一种机械运行的工具，比木牛流马更胜一筹。

由此可知，木牛流马一定是利用齿轮原理来制作，否则祖冲之不会有兴趣拿它来作为参考和对比。可惜的是此论缺乏确凿的论据和实形。

是具有特殊外形及特殊性能的独轮车吗

近代人陈从周、陆敬严查检文献根据，勘察川北广元一带现存古栈道的遗迹、宽度、坡度及承重等数据，提出新观点，木牛有前辕，引进时人或畜在前面拉，还有人在后面推。有车轮架，车身长4尺，宽近3尺。

　　流马不是四轮车，与木牛大致相同，但没有前辕，行走时不用人拉，仅靠推，车身狭长，车形似马。陈、陆的观点较为接近事实，但总觉有点欠缺，看来木牛流马究竟为何物结论为时尚早。

拓 展 阅 读

　　2010年9月7日，四川省广元木匠何多现展示了他花了5个多月造出的"木牛流马"。何多现2010年3月开始制作，8月初完成。"木牛流马"长2.08米，高1.4米，自重125千克，腹中可载210千克至230千克大米，后肢可以前后屈膝，以手推或牵为动力，可以行走在乡间小路，还可爬坡上行。

图书在版编目（CIP）数据

史前世纪回放 / 尹丽华编著. -- 长春 ：吉林
出版集团股份有限公司，2013.10
（图解日新月异的科技 / 赵俊然主编. 第2辑）
ISBN 978-7-5534-3259-5

Ⅰ．①史… Ⅱ．①尹… Ⅲ．①文化遗迹－世界－青年
读物②文化遗迹－世界－少年读物 Ⅳ．①K868-49

中国版本图书馆CIP数据核字(2013)第226554号

史前世纪回放

尹丽华 编著

出 版 人	齐　郁
责任编辑	朱万军
封面设计	大华文苑（北京）图书有限公司
版式设计	大华文苑（北京）图书有限公司
法律顾问	刘　畅
出　　版	吉林出版集团股份有限公司
发　　行	吉林出版集团青少年书刊发行有限公司
地　　址	长春市福祉大路5788号
邮政编码	130118
电　　话	0431-81629800
传　　真	0431-81629812
印　　刷	三河市嵩川印刷有限公司
版　　次	2013年10月第1版
印　　次	2020年5月第3次印刷
字　　数	118千字
开　　本	710mm×1000mm　1/16
印　　张	10
书　　号	ISBN 978-7-5534-3259-5
定　　价	36.00元